What Do You Think?

Is Television
A Bad Influence?

Kate Shuster

www.heinemann.co.uk/library
Visit our website to find out more information about Heinemann Library books.

To order:
 Phone 44 (0) 1865 888112
 Send a fax to 44 (0) 1865 314091
🖥 Visit the Heinemann bookshop at www.heinemann.co.uk/library to browse our catalogue and order online.

First published in Great Britain by
Heinemann Library, Halley Court, Jordan Hill,
Oxford OX2 8EJ, part of Harcourt Education.

Heinemann is a registered trademark of Harcourt
Education Ltd.

Editorial: Andrew Farrow and Rebecca Vickers
Design: Steve Mead and Q2A Solutions
Picture Research: Melissa Allison
Production: Alison Parsons

Originated by Chroma Graphics Pte. Ltd.
Printed and bound in China by Leo Paper Group

ISBN 978 0 431 11007 3

12 11 10 09 08
10 9 8 7 6 5 4 3 2 1

British Library Cataloguing in Publication Data
Shuster, Kate, 1974-
Is television a bad influence? – (What do you think?)
1. Television and children – Juvenile literature
2. Television and youth – Juvenile literature
I. Title
302.2'345

Acknowledgements
The author and publishers are grateful to the following for permission to reproduce copyright material:

©Advertising Archives p. **11**; ©Alamy p. **34** (Alan
Oliver); ©Corbis pp. **44** (Ariel Skelley), **47** (Bett-
mann), **33** (Danny Lehman), **18** (dpa/Kay Nietfeld),
16 (epa/Sergei Ilnitsky), **48** (Kevin Dodge), **22**
(Noboru Hashimoto), **7** (Tom Grill); ©Courtesy of
Mark Crispin Miller p. **40**; ©Getty Images pp. **30**
(AFP Photo/Don Emmert), **37** (Liaison/John Chias-
son), **50** (Mark Wilson), **19**, **50** (PhotoDisc), **31**
(Tom Ervin); ©PA Photos p. **41** (AP Photo/Henny
Ray Abrams); ©Punchstock pp. **25** (Blend Images),
4 (Creatas), **38** (La Phototheque SGM); ©Rex
Features pp. **28** (Everett/Comedy Cent), **21** (Stuart
Clarke); ©Science Photo Library pp. **13** (Eurelios/
Philippe Plailly), **12** (Montreal Neurological Institute),
8 (Photo Researchers, Inc./Jeffrey Greenberg);
©The Kobal Collection p. **26**(Fox-TV).

Cover photograph reproduced with permission of
Alamy/Nordicphotos (Jann Lipka). TV frame from
©Photolibrary/Digial Vision/Seth Joel.

The publishers would like to thank Liz Igoe for her
comments in the preparation of this title.

Every effort has been made to contact copyright
holders of any material reproduced in this book. Any
omissions will be rectified in subsequent printings if
notice is given to the publisher.

Disclaimer

Table of Contents

Some words are shown in bold, **like this**. You can find out what they mean by looking in the glossary.

> *Your opinion counts!*

Deciding on your own opinions is worthwhile and
important. To speak your mind and make people
listen and pay attention, you need to have good
information and know how to explain your ideas.

Is Television A Bad Influence?

The purpose of this book is to encourage you to form your own informed opinions about television, its content, and its uses and misuses. Most people have opinions about many issues. But it's not enough simply to have an opinion—it's important to develop informed opinions about issues. To have an informed opinion, you need to approach a subject with an open mind and consider the available **evidence** for and against your original opinion. Once you have weighed the **arguments** in favour of and against your opinion, you can then decide what the best position on an issue might be.

Social, political, and philosophical issues are rarely black and white. That means that, on an issue such as television, most people will not agree that television is always good or always bad. We have to look at the details of different topics, issues, and cases to decide what we think.

This book presents some of these topics, issues, and cases. It is not exhaustive. You might also consider evidence from your own experience, from the experiences of your friends and family, or from other things you have read.

Learning to think critically

As you read this book and think about the influence of television, try to approach the topic using the tools of *critical thinking*. When we think critically, we set aside our own views and ask questions of the information and ideas that are presented to us, so that we can approach these new ideas with an open and inquisitive mind. We might ask questions such as the following:

- Is this information **biased**? That is, does the author have a reason to convey the information in a certain way? Does the author take into account the opinions of people that might disagree with the position?
- Is the information *sufficient*? What other information might you need to make a decision about the issue? Where might you find that information?
- Is the information *credible*? Is the point of view supported by reasons and evidence? If the author presents studies or other facts, do they seem reliable?
- What *assumptions* do the authors make? What facts or opinions do their different arguments and perspectives assume? Are those assumptions justified or not?
- Do the arguments rely on *sound logic*? Are there any failures of **reasoning** that might weaken the author's arguments?

The point of critical thinking and critical reading is to approach texts sceptically. Paying attention to various perspectives and ideas can help you form your own opinion.

 Checklist for critical thinking

Critical thinkers:
- ✔ **understand** the difference between fact and opinion, and can distinguish facts from opinions in spoken and written text.
- ✔ **assess** the available evidence, evaluating it fairly and completely.
- ✔ **acknowledge** the multiple perspectives on an issue and identify the points of disagreement.
- ✔ **identify** the assumptions being made by authors or advocates on an issue, evaluating those assumptions for validity and **bias**.
- ✔ **evaluate** different points of view to inform their own opinions.
- ✔ **support** their own ideas with sound reasoning and evidence, taking into account opposing ideas and facts.

> *What do you think about television?*

**You probably have your own opinions about television.
You may even debate and discuss the merits of different
programmes with your friends.**

Forming opinions

Television is everywhere in modern society. But is television a good or bad influence on people? What social problems does it cause? What kinds of benefit does television provide to society? This book asks you to form opinions about broad issues related to television. You'll need to take into account a variety of people and uses for television. When you do form opinions about these different issues, try to express them as *arguments*. An argument has three parts:

- assertion: an **assertion** is a statement about your opinion or idea.

- reasoning: you'll need to provide reasons that support your assertion. These are the "because" part of your argument.

- evidence: evidence provides facts or examples to prove your argument is valid.

To engage in debates or discussions about television or any other issue, you'll need to have these kinds of arguments. You'll also need to anticipate and be able to respond to arguments that people with different opinions might make.

Throughout this book, you will be given different perspectives on television. To form an opinion, you should **evaluate** the available evidence. Even on questions that seem very simple, such as whether viewing violent television encourages violent behaviour, there is a wide variety of contradictory evidence. You need to consider the evidence and reach your own conclusion. This is the essence of critical thinking.

> *Too much television?*

People watch a lot of television. Is that because they choose to, or because television is addictive like cigarettes or caffeine? To decide if television is really a bad influence, we'll explore the reasons why so many people watch so much television.

Is Television Addictive?

Do we watch a lot of television because it's so entertaining? Or do we watch a lot of television because it's addictive, like a drug? In the following articale, from a magazine called *Scientific American*, you'll see what two scientists have to say about this issue. They argue that television is addictive, and provide supporting evidence from studies of **brain waves** and human behaviour. Consider the evidence carefully, and make up your own mind about what you've read.

This article contains some fairly difficult words that you might not know. You will be able to work out the meanings of some of these words from how they are used in the text. You can also look up the words in the glossary at the back of this book, or in a dictionary. But overall, you should be able to understand the main arguments in the article and be able to explain the evidence that supports each side.

TV *happiness shared by all the family!*

> *Selling a new lifestyle*

In the years following the Second World War, television became popular very quickly. It was seen as having endless potential and possibilities. This advertisement for a television is from the late 1940s.

✔ Television's effects on viewers

As today, early television certainly had its critics. Some worried that viewing would damage eyes, while others were concerned about the impact on families. A *New York Times* TV critic, writing in 1948, said that television had put the American household "on the verge of a revolution. The wife scarcely knows where the kitchen is, let alone her place in it. Junior scorns the late-afternoon sunlight for the glamour of the darkened living room. Father's briefcase lies unopened in the foyer. The reason is television."

Television Addiction is No Mere Metaphor

Perhaps the most ironic aspect of the struggle for survival is how easily organisms can be harmed by that which they desire. The trout is caught by the fisherman's lure, the mouse by cheese. But at least those creatures have the excuse that bait and cheese look like sustenance. Humans seldom have that consolation. The temptations that can disrupt their lives are often pure **indulgences**. No one has to drink alcohol, for example. Realizing when a diversion has gotten out of control is one of the great challenges of life.

Excessive cravings do not necessarily involve physical **substances**. Gambling can become compulsive; sex can become obsessive. One activity, however, stands out for its prominence and **ubiquity**—the world's most popular leisure pastime, television. Most people admit to having a love-hate relationship with it. They complain about the "boob tube" and "couch potatoes", then they settle into their sofas and grab the remote control. Parents commonly fret about their children's viewing (if not their own). Even researchers who study TV for a living marvel at the medium's hold on them personally. Percy Tannenbaum of the University of California at Berkeley has written:"Among life's more embarrassing moments have been countless occasions when I am engaged in conversation in a room while a TV set is on, and I cannot for the life of me stop from periodically glancing over to the screen. This occurs not only during dull conversations but during reasonably interesting ones just as well."

Scientists have been studying the effects of television for decades, generally focusing on whether watching violence on TV correlates with being violent in real life ... Less attention has been paid to the basic allure of the small screen—the medium, as opposed to the message.

The term "TV addiction" is imprecise and laden with value judgments, but it captures the essence of a very real phenomenon. Psychologists and psychiatrists formally define substance dependence as a disorder characterized by criteria that include spending a great deal of time using the substance; using it more often than one intends; thinking about reducing use or making repeated unsuccessful efforts to reduce use; giving up important social, family or occupational activities to use it; and reporting withdrawal symptoms when one stops using it.

(continued on page 12)

All these criteria can apply to people who watch a lot of television. That does not mean that watching television, per se, is problematic. Television can teach and amuse; it can reach **aesthetic** heights; it can provide much needed distraction and escape. The difficulty arises when people strongly sense that they ought not to watch as much as they do and yet find themselves strangely unable to reduce their viewing. Some knowledge of how the medium exerts its pull may help heavy viewers gain better control over their lives. A body at rest tends to stay at rest.

The amount of time people spend watching television is astonishing. On average, individuals in the industrialized world devote three hours a day to the pursuit—fully half of their leisure time, and more than on any single activity save work and sleep. At this rate, someone who lives to 75 would spend nine years in front of the tube. To some commentators, this devotion means simply that people enjoy TV and make a conscious decision to watch it. But if that is the whole story, why do so many people experience misgivings about how much they view? In Gallup polls in 1992 and 1999, two out of five adult respondents and seven out of 10 teenagers said they spent too much time watching TV. Other surveys have consistently shown that roughly 10 percent of adults call themselves TV addicts.

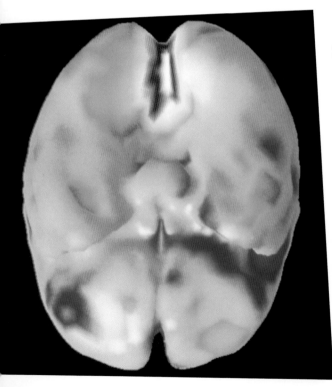

> *Brain waves*

This image shows a PET (positron emission tomography) scan of the brain during visual stimulation, such as television viewing.

To study people's reactions to TV, researchers have
undertaken laboratory experiments in which they have
monitored the brain waves (using an electroencephalograph,
or EEG), skin resistance or heart rate of people watching
television. To track behavior and emotion in the normal
course of life, as opposed to the artificial conditions of
the lab, we have used the Experience Sampling Method (ESM).
Participants carried a beeper, and we signaled them six to
eight times a day, at random, over the period of a week;
whenever they heard the beep, they wrote down what they
were doing and how they were feeling using a standardized
scorecard.

As one might expect, people who were watching TV when we
beeped them reported feeling relaxed and **passive**. The EEG
studies similarly show less mental stimulation, as measured
by alpha brain-wave production, during viewing than during
reading. (An EEG provides a picture of electrical activity
in the brain. Scientists could examine these pictures to
compare how various activities affected the brain.)

What is more surprising is that the sense of relaxation ends
when the set is turned off, but the feelings of passivity
and lowered alertness continue. Survey participants commonly
reflect that television has somehow absorbed or sucked out
their energy, leaving them depleted. They say they have
more difficulty concentrating after viewing than before. In
contrast, they rarely indicate such difficulty after reading.
After playing sports or engaging in hobbies, people report
improvements in mood. After watching TV, people's moods are
about the same or worse than before.

Within moments of sitting or lying down and pushing the
"power" button, viewers report feeling more relaxed. Because
the relaxation occurs quickly, people are conditioned
to associate viewing with rest and lack of tension. The
association is positively reinforced because viewers remain
relaxed throughout viewing, and it is negatively reinforced
via the stress and dysphoric rumination [Dysphoric means
"unhappy", while rumination means "meditation"] that occurs
once the screen goes blank again.

Habit-forming drugs work in similar ways. A **tranquilizer**
that leaves the body rapidly is much more likely to cause
dependence than one that leaves the body slowly, precisely
because the user is more aware that the drug's effects are
wearing off. Similarly, viewers' vague learned sense that
they will feel less relaxed if they stop viewing may be
a **significant** factor in not turning the set off. Viewing
begets more viewing.

[Excerpt from an article by Robert Kubey and Mihaly
Csikszentmihalyi. *Scientific American*, February 2002]

> *How does television affect your brain?*
> **If television is addictive, we should be able to measure its effects in the brain. There are several ways to measure these effects, including the examination of brain waves while the person being tested watches different television programmes.**

What do you think?

Now that you've read the *Scientific American* article, it's time to see what your opinion is. Is television addictive or not? What reasons support your opinion? What evidence, from the article or from your own experience, supports your conclusions? The authors of the article compare television to habit-forming drugs. What do you think about this comparison? In what ways is television similar to drugs? In what ways is it different?

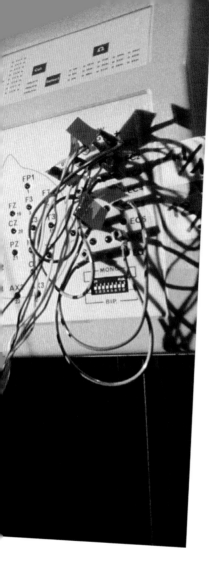

As you think about this, consider your own viewing habits. Do you find it easy or hard to turn off the television? Do you ever watch TV without really paying attention to what you're watching? Do you feel relaxed, or tense, or excited when you watch TV?

If television is actually addictive, what should we do about it? Does society have a responsibility to regulate addictive things?

Conduct your own experiment

The authors used a technique called the Experience Sampling Method to find out how people's activities seemed to affect their states of mind. People were asked at random times of the day to record what they were doing and how they were feeling. While it might be hard for you to contact people at random times, you could modify this method to conduct your own experiment. For example, you could ask classmates to record their activities and state of mind at certain times of day for a week—for example, at 8 a.m., at 10 a.m., at noon, at 2 p.m., at 4 p.m., and at 6 p.m. Then you could look at the results to see what activities went with different states of mind. What do you think you would find out if you conducted this experiment?

 Do you remember?

✔ What is addiction?
✔ How does television viewing affect our brain waves?
✔ What is the Experience Sampling Method (ESM)?
✔ What did ESM research tell the authors about people's experiences watching television?

> *Television everywhere*

Everywhere you look, something's on television. Televisions are everywhere—in banks, restaurants, shops, and even outdoors. But are they keeping us informed about events, or is television a waste of time? It's important to look more carefully at what's on television before you make up your mind.

Television, Education, And Information

People watch a lot of television. In a year, the average British child watches more than 1,000 hours of television. To put this in perspective, consider that the average British child spends 1,400 hours a year at school. This means that British children spend almost as much time watching television as they do at school. British adults watch even more TV—more than four hours a day.

Only 45 years ago, most people in industrialized countries got their information about the world from the printed word—in newspapers, magazines, and books. Today, most people get their information about the world from television. Television has changed the world. But is it for the better? In this chapter, we'll look at what's on television to see if educational television is all it's claimed to be.

Top 10 television watching nations

Hours are per person per week

1. United States: 28 hours
2. United Kingdom: 28 hours
3. Italy: 27 hours
4. France: 23 hours
5. Germany: 23 hours

6. Ireland: 23 hours
7. Australia: 22 hours
8. Netherlands: 20 hours
9. Denmark: 20 hours
10. Belgium: 19 hours

How does television affect young children?

Many parents don't see any harm in letting young children watch television at home. Programmes such as *Bob the Builder* and *The Tweenies* have a good reputation for teaching children while they watch. Good children's programming is designed to help young children grow up to be curious and intelligent. Some programmes, designed for use in school classrooms are made especially to go with the school curriculum. Researchers at the University of Texas-Austin, in the United States, found that young children who watched educational programmes like these did better in tests than their **peers**.

However, most programming on television is not designed for young children. It may even be harmful for them to watch. Many studies have examined the effects of television on young children, with most concluding that television can have a negative impact. The American Academy of Pediatrics says that children under two years old should not have any "screen time" (including video games, films, and computers) at all. And a study of very young children, published in the journal *Pediatrics*, found that watching television increased children's chances of developing Attention Deficit Disorder (ADD).

> *Television as a teacher*

Educational programmes are now broadcast all over the world. *Sesame Street*, for example, is broadcast in more than 120 countries. Children learn to count and recognize letters by watching programmes like this— a valuable educational experience, especially for children who don't have the opportunity to go to school.

> *Is television more important than other activities?*

Does time spent watching television take time away from other activities, such as reading a story? If you had to choose between watching TV and reading a book, which would you choose? Why?

Because television is so dynamic, changing images and perspectives very rapidly, young children's brains may become "wired" to expect this kind of stimulation. It is difficult for them to "slow down" later in life. In addition, watching television passively can take time away from other activities. If young children sit in front of the television, they are not outside exploring the world, being physically active, or learning **appropriate** social behaviour by interacting with others.

TV rots the senses

Here's one writer's view of the effect of television:

TV rots the senses in the head!

It kills the imagination dead!

It clogs and clutters up the mind!

It makes a child so dull and blind.

He can no longer understand a fantasy,

A fairyland!

His brain becomes as soft as cheese!

His powers of thinking rust and freeze!

–From *Charlie and the Chocolate Factory*, Roald Dahl, 1964

Educational or not?

It is sometimes hard to tell which programmes provide valuable education for children, and which are simply *called* "educational". Most television programmes are educational in a sense—you might learn how to tell jokes by watching a comedy, or what a hospital looks like by watching a medical drama. But these programmes aren't specifically designed to educate children. Many countries require television stations to broadcast programmes specifically designed for children's education, but they disagree about what kind of programmes these might be. For example, in the 1990s, some networks counted programmes such as *Teenage Mutant Ninja Turtles* and *Yogi Bear* as children's educational television, even though these were just cartoons.

This is an important issue. The habits young children develop early in life can be difficult to change. Children who are used to watching television at a young age may continue watching a lot of TV as they get older. Is this a problem?

What do you think?

Some children's television can be good for young children. It teaches them about the world and about maths and language. But television can also be harmful for young children when it takes the place of beneficial activities. Most experts recommend strict limits on children's television viewing. At the same time, it's clear that many parents aren't good at setting these limits. How much television, if any, should children watch? And how should parents do a better job of controlling their children's viewing?

Some facts about children and television

✔ 36% of American children aged 6 and under have a TV in their bedroom.

✔ In Britain, only 50% of children have an hour of daily physical activity.

✔ One-year-old American children watch six hours of television a week on average.

✔ 54% of 4–6 year-old American children said they would rather watch TV than spend time with their fathers.

✔ Only 35% of Chinese children watch two or more hours of television.

✔ 91% of American children say they feel "upset" or "scared" by violence on television.

Television and the news

One hundred years ago, most people got their news from newspapers. Even then, people who lived outside cities might wait days or even weeks to hear of major national or international developments. Now, many people get information about their communities and the world from television. In most countries, the major television channels run at least half an hour of news at prime time. With the expansion of cable and satellite television (and the Internet), however, people can have access to news 24 hours a day.

> *Television delivers immediate news*

Television news can show us exactly what's happening around the world, even in war zones. The up-to-the-moment information it provides helps us to stay aware of the world around us.

Television news coverage has dramatically changed the way we see the world. From your living room, you can watch events unfolding on many continents, while expert commentators inform you about what you're seeing. The average person today is much more informed about current events than the average person a hundred years ago. But does television provide the right kind of information? Or does it convince us that we're being informed when really we are not?

Seeing "both sides"

Many television news programmes offer discussions or "debates", putting together groups of commentators who present different sides of an issue. Teacher J. Francis Davis argues that the media's notion of "presenting both sides" often "tends to undermine creative discussion of the many shades of belief that actually represent opinion on complex issues." In other words, television's usual methods of presenting information may lead us to believe that an issue has only two sides, when actually there may be many more.

There are also issues of bias in the television news, just as in other areas of journalism. Although the news might present two perspectives, broadcasters will normally pick the two most popular positions to present. This leaves out perspectives that are in the minority. Stations may invite representatives of the two major political parties to comment, but not members of other parties. Even if a television network claims not to be biased, it may end up suppressing perspectives that are not in the **mainstream**.

A number of studies have found that television news programmes tend not to report stories critical of businesses or industries that support the network's programmeming. Since most television programmes are paid for by advertising revenue, networks may be concerned about offending their **sponsors**. Most television stations are commercial businesses, sponsored by private corporations with private interests tied to viewer ratings. As a result, some television networks may put their emphasis on getting as many viewers as possible, rather than informing the viewers as well as possible.

What's put in, and what's left out

In television, many complex issues tend to receive **superficial** treatment, looking only at the surface of the issue rather than exploring in-depth. Details tend to be left out, and some stories may not be presented at all. Viewers may believe that they've learned about a topic, but without more balanced coverage, it's not enough to form a solid opinion.

Many news programmes try to entice viewers by "packaging" stories in ways that will seem especially dramatic or relevant. The journalists' saying "if it bleeds, it leads" often holds true on local news broadcasts. The Project for Excellence in Journalism analyzed news programmes across the United States, finding that 42 percent of the news was devoted to crime. Coverage of government actions was only 11 percent of the news—less time than that spent on lifestyles and celebrity/entertainment news. Issues such as the environment, poverty, working conditions, and civil rights got much less air time.

What does this mean for viewers? Often, it means that the television news will focus on issues and events with "shock value", while giving little attention to more everyday events. A fire at a warehouse may get a lot of coverage, but the effect on the lives of the workers who toil there for low wages might be virtually ignored. Tax increases, or other boring or difficult to explain financial news, may not get media attention until someone stages a protest, providing "exciting" footage to broadcast.

< *Who controls what is shown?*

In some countries, such as North Korea, television is used as a way for the ruling groups to keep control of the country and make sure that only their viewpoint gets across. The term "free press" is used to describe the print and broadcast media in places where governments do not exert control over information.

Is 24 hours too much?

Every second of every day, global news networks are fighting to win viewers. They cover everything, from famines and wars to scandalous celebrity news. But do we really need 24 hours of news? And what, exactly, do these programmes include? Some networks, such as BBC World, mix documentary and news programmes. Others provide news, documentary, and opinion programmes with "celebrity" journalists who freely offer their own, opinionated perspectives.

Are all these hours of news really necessary? It's a big planet, and things are happening all the time. But even the largest news networks don't have reporters in every country of the world all the time. They tend to focus their attention on the most important events that are happening where their reporters already are, rather than in areas where reporters aren't.

The birth of the "sound bite"

"One of the most dramatic changes in television reporting has to do with the way statements by the president and other top administration officials are handled. Until the early '70s, it was common for the White House correspondent to simply introduce a presidential statement with a brief summary and then to run the president's remarks unedited, often for two minutes or more. Today TV reporters routinely cut an official's remarks into 10- or even 7-second sound bites, then weave these into their own narration. It is the journalist, not the official, who speaks to the news audience."

[Daniel Hallin, *We Keep America on Top of the World*, p.133 (Routledge, 2005)]

With all those hours to fill, networks increasingly want programming that is cheap to produce. Broadcasting "real" news can be expensive—sending camera crews to the location, feeding and housing them, and so on. But opinion shows require only a host and some guests in a studio with microphones and cameras. Therefore, many networks are saving money by carrying more opinion-type programmes. Their broadcasts comment on the news rather than report on it.

Still, there's no doubt that television can deliver nearly instant information on a wide variety of important issues. Even people who don't bother to read newspapers may find television news quick and easy to watch. We're now more informed more quickly than at any previous time in history. Is that a good thing?

What do you think?

There are good and bad aspects of television news. Is there more good than bad? Why or why not? Where else could we get our news, if not from television? Would those other sources be better or worse? Why?

Now that you've read about some of the problems of regular news coverage on TV, watch a news programme with a critical eye. What issues run first on the programme? Why do you think they run first? What issues are left out? Did the programme explore multiple perspectives? Why or why not, do you think? Did the programme seem to be biased, or fair? What company owns the network? What other companies do they own? How might the content of the stories affect those companies and their interests? How strong is government control and influence on what is said?

> *All news, all the time*

Several TV stations around the world provide 24 hours of news. Is this good or bad? Is there such a thing as too much news?

> *Violence on TV*

On television, viewers will see murders, assaults, and
other crimes, often committed with guns or other
weapons. Even when the police catch the villains,
viewers are still normally exposed to a fair amount
of violence before the arrest.

Is Television Too Violent?

Television is extremely violent. Before they leave school the average American child will see about 8,000 murders on television. By the age of 18, they may have seen 200,000 acts of violence. While British television is less violent, it still contains an average of five violent scenes per hour, with half of all programmes containing violent acts. What effect does all this violence have on viewers?

Some people say that television violence is creating a more violent society, made up of people who think that violence is normal. Others say that the issue isn't that simple. They argue that normal people don't just copy what they see on television, so the amount of violence shown isn't really a problem. Is violent television just entertainment, or is it something more sinister?

> *What counts as violence?*

Today there are cartoon programmes created for adult audiences, such as *South Park*, shown above. Many have themes inappropriate for children and high levels of violence. But it's not easy to say what is violent and what is not. If a cartoon cat drops an anvil on the head of a cartoon mouse, is that the same kind of violence as a murder featuring human actors? Is it worse to see real dead people at the scene of a reported crime, or in a war zone, on the evening news than to see fictional violence on a crime programme?

Many scientists have studied the way we respond to viewing violent acts. Some argue that children are likely to copy adult behaviour that they see. One classic study made one group of children watch adults kicking and punching a doll, while another group of children did not see the violence. Then all the children were given a similar doll to play with. The group that had seen adults being aggressive towards the doll kicked and punched it, just as the adults had done. The group of children that had not seen the violent treatment of the doll played with it as they would any other doll.

Of course, this study proves nothing *directly* about watching violent acts on television. The American Academy of Child and Adolescent Psychiatry claims that children who watch more television violence tend to act more aggressively.

"Sometimes watching a single violent programme can increase aggressiveness. Children who view shows in which violence is very realistic, frequently repeated, or unpunished, are more likely to imitate what they see. Children with emotional, behavioural, learning, or impulse control problems may be more easily influenced by TV violence. The impact of TV violence may be immediately evident in the child's behaviour or may surface years later. Young people can even be affected when the family atmosphere shows no tendency toward violence."

> *Everywhere you look*

Children can be easily influenced by what they see on television. They can believe what they hear and imitate what they see.

People don't just imitate what they see on TV. Otherwise, they would buy every product they saw advertised, and cartoon fans would run around hitting animals on the head with anvils. The influence of television violence is more subtle. Other researchers have found that as people watch violence on television, they become "immune", or numb, to the effects of violence.

Even if television is violent, that doesn't prove that television as a whole is a bad influence. Later we'll consider some of television's good features as we try to make an informed decision about this issue.

Consider the evidence

Evidence is proof that is offered to support reasoning. When you provide evidence for your arguments, you are sharing information that supports your conclusion. Your audience will be more likely to agree with your ideas if you can show that they are supported by solid evidence. There are many types of evidence, including:

✔ **Examples and illustrations.** In a dictionary, some words have pictures next to their definitions. These illustrations clarify the meaning of words by giving examples: an apple, a tree, or a chair. An example is a kind of illustration, related to the issue under discussion. Examples may describe a time and place when something has happened. Examples are the most common kind of evidence.

  • **historical examples** show a time when the reasoning has been true in the past.

  • **contemporary examples** show that the reasoning is true now.

  • **hypothetical examples** deal with events that have not yet happened, but might happen.

✔ **Statistical data.** Statistical evidence tells us something about a group of people or a set of actions or objects. You might see polls that say, for example, that 75 percent of people surveyed prefer flavoured ice cream to unflavoured ice cream. Although this kind of evidence, like any evidence, can be manipulated to serve a particular purpose, it is commonly used to prove various arguments or establish different facts about issues.

✔ **Quotations from experts.** Quotations from experts in a particular field can bolster your arguments or support your reasoning. These quotations can help to establish the authority of your position and to show that others agree with your argument.

✔ **Personal experience.** A personal experience or anecdote is an example drawn from your own experience and observation. Personal stories can help establish your credibility by showing that you have experience and understanding of the issue.

What do you think?

Do you think that television violence causes people to commit violent acts? If you are like most people, you probably see a lot of violence on television. Does the violence you see motivate you to commit violent acts? If not, what stops you?

Why do you think television is so violent? Some people say that television just shows viewers what they want to see. Is this true? Do you find television violence entertaining or not? If so, what's entertaining about it? If not, what would you rather see on TV?

The case of Lionel Tate

Lionel Tate was just 12 years old when he killed a 6-year-old girl. At his trial, his lawyers argued that Lionel was innocent because he was simply copying wrestling moves he had seen on television. These moves included "body slams" and other moves seen on staged, professional wrestling programmes. Read the article about his case and make your own decision. Do you think he should be guilty of murder? Why or why not? Do you think most, some, or none of the blame should be given to television? Why or why not?

> *Lionel Tate*

This is Lionel Tate and his mother after a court appearance.

The Story of Lionel Tate

"Thirteen-year-old Lionel Tate is accused of killing his playmate, six-year-old Tiffany Eunick, near Ft. Lauderdale in 1999.

There was never a question of whether he was responsible for her death. The question was whether it was an accidental killing, or whether it was intentional.

The **defence** always argued that this was accidental, that Lionel, who is much bigger than young Tiffany—he weighed 166 pounds; she weighed 48 pounds—was playing too rough with her. They were playing wrestling. He was using some moves that he had seen on television, according to the defence. They were throwing each other around the room, punching. And it got out of hand, and she was fatally injured accidentally in this rough house play. That was the defence theory.

The **prosecution**, however, argued that the injuries that she sustained—brain injuries, liver injuries, a broken rib, more than 30 bruises all over her body—suggested that this was a brutal attack, an intentional attack that took more than five minutes to complete ...

The other thing that made this controversial is that the defence argued that Lionel Tate, who was not developed properly in terms of his emotions—he was emotionally immature—had watched a lot of wrestling during his young life, professional wrestling on TV, and didn't fully understand. Even though he knew that professional wrestling is fake, he didn't fully understand that the moves used by the wrestlers, if used in real life on somebody much smaller, could cause such serious injury.

"[T]he defence was arguing that this—that to some degree, professional wrestling is to blame here, in that this young boy watched a lot of wrestling. But because he was developmentally immature, emotionally, he didn't fully understand that you could really hurt somebody by using some of these moves.

And that's what was happening, when he was playing with young Tiffany. And he didn't realize how he could hurt this young girl by using some of the moves that he had seen on TV.

Now, the prosecution argued strongly against that, saying, no, wrestling is not on trial here. TV violence is not on trial here. There is no excuse for what happened here. This was murder, an intentional act of violence. The boy should have known, did know what was happening here.

[From CNN correspondent, Mark Potter, 25 January 2001
http://transcripts.cnn.com/TRANSCRIPTS/0101/25/bn.02.html]

> *How does what we watch affect us?*
> **Can we blame televised violence, real, staged, or animated, for violent acts in society?**

The rest of the story

This account describes Lionel Tate as "developmentally immature," or not fully mature and developed. Tate's lawyers argued that he was too young to understand the consequences of his actions. Does this influence your opinion? Should children and young adults be judged in the same way as adults, or differently? Why or why not?

It was also found that Tate's **I.Q**. was below average. Although his lawyers didn't bring this up as part of his trial defence, it became an issue later. Should this have made a difference in whether he was considered guilty? Why or why not?

Lionel Tate was found guilty of murder at his trial. He was originally sentenced to life in prison, but the sentence was later reduced to one year of house arrest and ten years of probation. In 2004 and 2005, Tate was arrested twice more for crimes that included armed robbery. In 2006, he was sentenced to 30 years in prison.

Does this additional information change your opinion about the original case? Why or why not?

> *Too much stuff?*

Got a lot of stuff? Perhaps television is to blame. With advertisements on hundreds of television channels all day and all night, somebody's always trying to sell you something.

Does Television Encourage The "Culture Of Consumption"?

Given the amount of television most people watch, we are, on average, exposed to as many as 50,000 TV commercials every year. We are affected by many other kinds of advertisement as well—in print, on radio, on T-shirts, and on other surfaces. Some people have estimated that we encounter as many as 3,000 advertisements a day. That's nearly 1.1 million ads a year. Every minute you're awake, people are trying to sell you something.

Advertising is a giant industry, and television advertising is an essential part of this industry. Why do advertising firms spend so much money on television advertising? For one thing, it's easy for them to reach viewers through television. The concept of a **target audience** is very important for effective advertising. A target audience is a group for whom a specific advertisement or product is designed.

Percent of advertising money spent on television ads: top 5 nations

1. Japan: 43 percent
2. Belgium: 40 percent
3. United States: 37 percent
4. Australia: 35 percent
5. France: 34 percent

Television and advertising

Advertisers want to get people to buy their products. When they plan ads, they try to match up products with likely buyers. This is why children's television features a lot of ads for toys, breakfast cereals, and other products children are likely to want. Programmes meant for adults include ads for cars, jewellery, and other products that adults are likely to buy. Ads during teenage programmes feature attractive, popular young people using teenage products. The idea is to make you want those products because you identify with, or aspire to be like, the people in the ads.

To decide on how to schedule ads, advertisers study the different groups that watch various programmes. They collect information about different kinds of viewer, including age, income, interests, and background. Advertisers and television broadcasters use this **demographic information** to decide what kinds of programmes they will show, and what kinds of advertisement will run in those programmes.

Advertisers pay television stations money to show their ads during commercial breaks. Television stations use that money to run their business, including paying their employees and producing programmes. Commercial television stations depend on advertising income to stay in business. Other stations do not depend on advertising revenue. These **public broadcasting** stations are mostly paid for through government funds and contributions from viewers, or by charitable organizations. Examples of public broadcasting stations and networks include the British Broadcasting Corporation (BBC) in the United Kingdom, the Public Broadcasting Service (PBS) in the United States, the Public Service Broadcasting Trust (PSBT) in India, and the South African Broadcasting Service in South Africa. Some stations, such as the UK's Channel Four, are funded by a combination of public and private money. But most television programming in the world depends on advertising revenue.

What's the impact of advertising?

There are millions of corporations competing for your attention through advertising. Young people under the age of 17 increasingly control the spending of a lot of money—more than 500 billion dollars worth of purchases every year. Because of this, many advertisers design ads to appeal specifically to young people. They hope that young customers will develop **brand loyalty**, an ongoing attachment to their products that will last a long time.

We would all like to believe that advertisements don't affect us. But research suggests that advertisements affect us more than we think. Children as young as three years old can recognize brand logos (the most-recognized logo is Ronald McDonald) and ask for specific products when they see what they want.

> *Television around the world*

Television has spread all over the world, changing societies by giving access to global culture, instant information, sporting events, and political debate. But it has also been used to promote global brands, such as McDonald's and Coca-Cola.

These young children have trouble understanding that commercials are not the same as TV programmes. The result of this exposure to television is that children tend to want the food and toys they see on TV. A study published in the *Journal of Developmental and Behavioural Pediatrics* showed that children who watch a lot of television are more likely to want the products they see advertised. Another study found that Americans spend an additional $208 a year for every hour of television they watch.

Influenced to buy

In other words, the more advertisements you watch, the more you may want to buy the advertised products. You may not even realize that the ads are influencing your choices. For example, you may watch a series of advertisements that portray a certain kind of sports drink or shoe as "cool". If these ads succeed in getting you to think their product is cool, you may buy it in order to seem cool. This is especially true if many other people go out and buy the product. Peer pressure starts to make you think you have to have the item too, so you will fit in. This is true for adults just as much as for young people—consider how many people own SUVs, mobile phones, iPods, and other popular products.

> *A disposable society*

Where do televisions and other electronic goods go when they're thrown away? Many end up in dumps like this one. Some poor countries get paid to receive rubbish from countries that need somewhere to dump it. Electronic devices such as televisions contain many toxic metals and chemicals that further pollute the areas where they're dumped.

But we aren't just passive receivers for advertisements. Otherwise, we'd simply buy everything we see on TV. Viewers must exercise some critical thinking skills when they see advertisements. For example, they might ask themselves: Do I really need this product? Can I afford it? Is it really going to be as good as it looked on TV?

Does television advertising influence young people?

Opinion 1

Are children just passive observers of television ads, or are they clever consumers who know what they want and how to get it? Here's the opinion of Sharon Lee, founding partner of Look-Look, a research company that specializes in youth culture.

"It's a mixed bag on that actually....You can't say, 'Oh, they hate being sold to and they hate all marketing.' That's not true. That's one perspective on it. They're very sophisticated consumers, meaning they know what's being marketed. They know all about marketing. They were raised with deconstructing advertising since they were little kids.

"And so you have to assume that they're very sophisticated and so you can't trick them ever. What you want to do is create some sort of emotional connection with them where they are interested and they respect and you have a dialogue going on. And what they get incensed about is if there's not that level of respect. If they're treated like, 'You're just a stupid consumer and we're gonna not bother to learn about your culture but we're gonna market to you in a way that is insulting,' then they get upset about that. ... It's a very superficial understanding of the culture. It is disrespectful."

> *Sharon Lee*

Sharon Lee founded the Look-Look research company with her business partner Dee Dee Gordon in 1994.

Does television advertising influence young people? Opinion 2

"Kids feel frightened and lonely today. It's because they are encouraged to feel that way. Advertising has always sold anxiety and it certainly sells anxiety to the young. It's always telling them that they are not thin enough, they're not pretty enough, they don't have the right friends, or they have no friends, they're creeps, they're losers unless they're cool. But I don't think anybody deep down really feels cool enough ever. That's the nature of advertising, to keep you hungering for more of the stuff that's supposed to finally put you there, but never does.

"It's so thoroughly about being on display. It's about how you look. We all imagine a million cameras facing us and recording everything. There's this acute self-consciousness that constitutes a tremendous psychological burden because

you can never really feel like you're alone with yourself. You can never really feel like someone's not overhearing what you're thinking. ... Even in the deepest privacy of your own mind you'll often find a team from some advertising agency, you know. That's the most criminal aspect of this whole system -- it seems to have colonized or tries to colonize the very consciousness of its young subjects."

> These comments are from Mark Crispin Miller, an academic, author and media critic.

What do you think?

Two different perspectives on young people and advertising are represented in the above quotes from Sharon Lee and Mark Crispin Miller. What do you think? Does television advertising influence you to buy things? If so, how does it do it? If not, how do you resist being influenced?

Is television bad for your health?

Obesity is a growing problem, especially for children. In the United States, a quarter of all children are classified as **overweight**, and nearly 10% are **obese**. Other countries face similar increases. Obesity is a public health concern, because obese people are more likely to have diabetes, heart failure, high blood pressure, and other physical complications.

> *Positive influences*

Some people argue that television is a bad influence because it encourages unhealthy eating habits. However, many people are influenced to get involved by the sporting events they watch on television. When a country or local team has sporting success televised, interest in the sport increases. This is particularly true of tennis and running. The televising of city marathons, like this one in New York, has made these races very popular.

Some people argue that television is partly to blame for childhood and adult obesity. They say that television advertisements encourage children to eat sugary, high-calorie food. About 80 percent of TV food advertising for children is designed to sell these kinds of snacks and drinks. These advertisements may guide children's food preferences. Research in the UK has shown that children are more likely to prefer foods they see advertised on television.

Television could cause obesity by encouraging children to eat unhealthy foods. Another factor is that time spent in front of the TV keeps children from playing outside or engaging in physical activity. Remember the reading in Chapter 2 about how television encourages relaxation and passive watching? It's easy to engage in mindless snacking during this passive watching time.

What do studies say?

- A 2006 study of children in Melbourne, Australia, found that children who watched two or more hours of television every day were more likely to consume sugary drinks and snack foods. They were less likely to eat fruit or participate in organized physical activity.
- A 1989 study in the *American Journal of Public Health* found that adult men who watched more than three hours of TV per day were twice as likely to be obese as men who watched for one hour or less per day.
- A different study, published in 1991, found that adult women who watched three or more hours of TV per day were twice as likely to be obese as women who watched less TV.
- A University of Otago, New Zealand study in 2006 concluded that television viewing should be regarded as an important contributing factor to childhood obesity.
- A U.S. study in 2002 found that children who watched television in their bedroom had an increased chance of being overweight.
- A UK study of 9,000 children reported in 2005 that TV watching was only one of eight factors that made children more likely to be overweight.
- In their 2005 book, *The Obesity Epidemic*, Dr. Michael Gard and Prof. Jan Wright reviewed 250 international obesity studies. They concluded that no study had shown a clear link between children's weight and time spent watching television.

Not an easy issue

While television and advertisements may be related to obesity, we cannot necessarily conclude that these things *cause* obesity. In other words, some people who watch a lot of TV might be obese, but that doesn't mean that TV made them that way. It's just as likely that they were obese and couldn't move around a lot, so they watched a lot of television. We have to be careful about making **causal** connections between different things.

If you wake up early in the morning, you might see that the Sun comes up after you arise. If you see this morning after morning, you might be tempted to conclude that your waking up *caused* the Sun to rise. But it didn't. Those two things are **correlated** (they happen together), but we cannot show that one thing happens as a result of the other thing.

Even the "experts" cannot agree about how advertising and obesity are related. A 2004 study released by the Kaiser Family Foundation claimed that advertising "may contribute to unhealthy food choices and weight gain." As evidence, it offered several studies that reduced children's exposure to television. When children watched less TV, they tended to lose weight and have fewer health problems. But most of these children also made other lifestyle changes that could have improved their health. There is no way to prove that watching television was the only thing responsible for their health issues.

In the end, the Kaiser report concluded that "being obese may cause children to engage in more sedentary (and isolated) activities, including watching more television." But it admitted that watching TV might not actually cause obesity after all. Evidence from other countries seems to agree. The head of a Swedish **think tank** reported that "Sweden has for a long time banned all commercials targeting children, but still Swedish children are as obese as those in comparable countries."

What do you think?

Given what you know now, what do you think about the relationship between television, advertising, and unhealthy eating? Is television mostly, somewhat, or not at all to blame for unhealthy eating and obesity? What reasons support your opinion? What other evidence might you need to support your view? Where could you find this evidence?

> *Do we need to regulate television?*

While most people are not suggesting that we should all give up our televisions, many think that we need to change the way we watch and regulate television. Parents can be part of the solution because they have a lot of influence on children's viewing habits.

What Should We Do?

Television isn't perfect. While much television programming provides good entertainment and information, television also has a lot of flaws. You have learned about many of the key issues related to television. Although some people claim that television's main impact is negative, the truth is that television is neither all bad nor all good. We do watch an awful lot of it. But television is not going to go away. More people than ever around the world are watching television, and those people are not likely to give up their TVs any time soon.

So what should we do? Should we regulate television to reduce the violent content? Should we force broadcasters to represent all viewpoints and opinions? Will regulation even work?

It may be tempting to blame television for many kinds of problem, such as violence, obesity, and an uninformed public. But television may not deserve all of the blame. It may just be a symptom of these problems rather than the cause. Instead of blaming television, shouldn't we just blame the failings of parents and society?

Should television be more heavily regulated?

Most people agree that television's content should be regulated in some way. Most countries already have some regulations in place. Governments pass laws regarding television, and networks regulate themselves by showing different kinds of programmes at different times.

Television can be restricted or controlled in many different ways. One solution is for parents to do a better job of controlling what their children watch. Parents can restrict children's viewing or watch with their children to make sure that children see only appropriate programmes.

But what can parents do when they are working or not at home while children are watching television? Some mechanical or electronic devices can control the programmes a television will show. One such device, called the V-Chip, allows parents to choose the programmes their children can watch. Other programmes are blocked or require a special code to access. In many countries, a V-Chip is already installed in modern televisions. But this isn't a perfect solution. Parents must take time to learn to programme it, and children can learn to get round it.

Another option is a television ratings system, similar to that used for films. Many countries already rate programmes for the amount of sexual content, swearing, and violence they contain. But many people ignore ratings. Ratings also don't tell you if a programme is genuinely good or educational—just that it meets certain standards for appropriateness.

Regulation cannot protect people from everything bad. For example, with increased use of the Internet, children can be exposed to all kinds of violent and sexual content online. In addition, although countries may regulate their own TV networks, people still can receive satellite broadcasts from around the world. Much of this content is unregulated.

Television regulation may even be dangerous. Allowing governments the power to decide what can be shown is a controversial idea. Governments might be tempted to restrict information that would show them in a bad light or undermine their policies. The news media is an important check on government power in healthy democracies. Also, if certain programmes are forbidden people may actually be more interested in watching them, rather than less interested.

> *How much regulation is too much?*

Television has the potential to air subjects that are shocking and encourage action. This is a famous image that shocked the people of the United States about the reality of the Vietnam War. Over-regulation could prevent important content like this from being shown on television.

Whose fault is it?

Should we blame television for problems in society, such as obesity, violence, and lack of education? After all, television is just a box with wires, tubes, and glass, kept for entertainment. The main question of this book has been: Is television a bad influence? To answer this question, we must determine if television is to blame or not.

On the one hand, television feeds into our laziness and poor taste in programming. If we didn't have TV, it's unlikely that we'd choose to spend four hours a day sitting on the sofa. Television is the problem, and we are just its victims.

On the other hand, it's unfair to blame television. Violent, addictive, empty programmes are shown on television because people watch them. If people refused to watch, television stations would have to show better programmes. So, the fault really lies with us, the viewers. Television is nothing more than a reflection of society.

Let's debate

There are many different ways to have a debate or discussion. When you debate, you should make complete arguments and refute your opponent's arguments. Each format described below has a particular set of rules. You can change the rules based on the number or participants or the amount of time you have available.

Two-sided debate

One side— the *proposition* or *affirmative*—makes a case. This team must prove that the topic is more likely to be true. The *opposition* or *negative* side argues against the case. Each participant makes a speech, with the teams taking turns. The proposition team speaks first and last. The opening proposition speaker states a case, and the first opposition speaker refutes it. Second speakers continue with their team's points and refute new points from the other side.

> **Talk it out!**

A discussion with your friends and classmates is a good way to sort out your ideas about television. Everyone can share ideas, opinions, and arguments about the topic.

The final speeches summarize each team's best arguments to support its case and refute the other side. With four students, you might follow this format:

First speaker, proposition – 5 minutes
First speaker, opposition – 5 minutes
Second speaker, proposition – 5 minutes
Second speaker, opposition – 5 minutes

You could have six speakers or more. It is possible for a class, audience, or the opposing side to offer questions and comments. This can be done during, in between, or after the speeches.

Discussion

A panel discussion is designed to inform an audience. A group, or panel, of students presents and challenges ideas about an issue. Students speak for themselves and may agree or disagree with the opinions of other panel members. There is an overall time limit, perhaps 30 minutes, for the discussion. A moderator can ask questions and keep the discussion moving. Audience questions may be added afterwards.

Open forum

This format is effective for a class or large group. A moderator leads an open discussion on a range of topics. Audience members may present new ideas, add to what others have presented, or refute any issue. This format quickly introduces a variety of ideas. An individual or group may judge a debate, voting on the outcome. For larger discussions, you may ask an audience which person did the best job and why.

> *Who else holds debates?*

Debate is essential in public argument. Politicians engage in debate all the time, dealing with issues from the ordinary to the specialized.

What's your conclusion?

The central question of this book has been: Is television a bad influence? After reading all this, you should be able to start forming your own informed answer. As part of that, you'll need to question your own opinions about television. As we noted earlier, if you're like most people you watch quite a bit of television. You have your own opinions about television, your own favourite programmes, and programmes you don't like. But part of becoming a critical thinker means questioning everything, including your own pre-existing opinions.

> *Making up your mind*

The essence of critical thinking is putting together different sides of an issue, critically examining them, and coming to your own informed opinion. To do this, you'll need weigh up the facts, and compare and contrast different ideas.

To decide whether television is a bad influence, you'll need to reach a conclusion about each of the issues in this book. Then, you should assign them a level of significance. An issue can be significant in two different ways. It can have **quantitative** significance, meaning that it affects a lot of people. It can also have **qualitative** significance, meaning that it affects people in a serious way. The television news affects a lot of people, so it has a lot of quantitative significance. But if it has only a small effect on people's lives, it might not have a lot of qualitative significance. On the other hand, an issue such as violence on television might have qualitative significance for people who have been hurt by television-inspired acts of violence. If the number of people affected is small, though, the quantitative significance would be low.

Summary chart

Issue	How many people are affected?	How are they affected?	Consequence: Is it good or bad?
Is TV addictive?			
Is TV educational?			
Is the TV news a good influence?			
Does TV encourage **consumption?**			
Is TV too violent?			
Does TV cause violence?			
Does TV cause obesity?			
Is TV good for young children?			

To evaluate issues appropriately, it is important to consider their consequences. You will also have to *compare* different issues, which isn't easy to do. For example, let's say that you agreed television was good for educating children but bad for encouraging unhealthy eating. How would you decide if television was good or bad overall? You'd have to compare those ideas. This is where an issue's level of significance comes into play. Using a chart like this one, above, may help you to summarize your ideas about the issues raised in this book.

So, what do you think? Is television a bad influence? Why or why not?

Find Out More

Books

- *Television: An International History*, Anthony Smith (Oxford University Press, 1998)
- *Can We Trust the BBC?*, Robin Aitken (Continuum International Publishing Group, 2007)
- *Mediawise: Advertising*, Julian Petley (Hodder Wayland, 2002)
- *Branded*, Gareth Williams (V&A Publications, 2000)
- *The Power of the Media*, Adam Hibbert (Franklin Watts, 2006)
- *21st Century Debates: Violence in Society*, Ronda Armitage (Hodder Wayland, 2005)

Websites

- *Advertising Standards Authority*
  http://www.asa.org.uk
  The website of the Advertising Standards Authority has lots of information on the system of regulating advertisements of all kinds in the UK.
- *Don't Buy It!*
  http://pbskids.org/dontbuyit/
  Designed for young people, this site contains activities for learning about advertising.
- *Frontline: The Merchants of Cool*
  http://www.pbs.org/wgbh/pages/frontline/shows/cool/
  Explore how popular culture is created and marketed to teenagers.
- *How Stuff Works: How Product Placement Works*
  http://money.howstuffworks.com/product-placement.htm
  This site shows how advertisers put products into films and television programmes instead of having advertisements.

- *Media Awareness Project: Issues*

  http://www.media-awareness.ca/english/issues/index.cfm

  A collection of resources on different issues relating to the media, including violence, stereotyping, and privacy. This is the website of Canada's Media Awareness Project.

- *The Prime Minister and the Press*

  http://www.pbs.org/wnet/wideangle/shows/berlusconi/index.html

  This site, including video clips, explores the relationship between former Italian Prime Minister Silvio Berlusconi and the Italian media.

- *Bhutan, The Last Place*

  http://www.pbs.org/frontlineworld/stories/bhutan/index.html.

  A fascinating story, with an online video, about what happened when the nation of Bhutan legalized television in 1999.

- *Centre for Screen-Time Awareness*

  http://www.tvturnoff.org/

  This organization sponsors Turn Off the TV Weeks in many locations around the world, including the UK. Their site has many useful materials for investigating television.

Films

- *Broadcast News* (1997)
- *The Truman Show* (1998)

Glossary

aesthetic principles relating to an appreciation of the beautiful or of art

appropriate suitable or proper for use in a particular circumstance

argument series of statements supporting one side of an issue or topic. It contains an assertion, reasoning, and evidence.

assertion claim or statement about an issue

bias preference or tendency. Being biased usually means that a source leans towards one side more than another.

brain wave electrical activity between parts of the brain

brand loyalty faithful to a particular product or brand

causality relationship that shows causes and their effects

consumption using up goods or services by buying or eating them

correlation link between two elements that correspond, or happen together. For example, "Good exam results are often correlated with serious studying." It can imply a causal relationship, but not necessarily.

defence protecting from attack, justifying something

demographic information information about the race, income, gender, or other personal aspects of a person or group

evaluate assess

evidence material that supports the reasoning for an argument. It can include examples, statistics, expert testimony, and personal stories.

indulgences things people find pleasure in

I.Q. short for Intelligence Quotient. This is a method of measuring intelligence.

mainstream representing the attitudes or values of most people in a group

obese officially, weighing more than 20-30% above one's ideal weight, as measured by a body mass index

overweight	having greater than average weight for one's height, especially as measured by a body mass index
passive	not active. This can also describe being subjected to something without reacting in response.
peers	people who have the same age, education, or background as each other
prosecution	side who takes legal proceedings against someone, on the behalf of the public
public broadcasting	broadcasting companies that do not exist to make profits for their owners or shareholders
reasoning	part of an argument that supports your point or opinion by answering the question "because"
qualitative	measured in terms of quality. Qualitative significance has to do with how people are affected by an issue.
quantitative	measured by numbers. Quantitative significance has to do with how many people are affected by an issue.
significant	level of importance of an issue
sponsor	advertiser who helps pay for a broadcast programme that runs commercials for the advertiser's products or company
substance dependence	addiction to something harmful, such as alcohol or drugs
superficial	related to what's on the surface, and not related to what is underneath
target audience	group of people thought to be the ideal consumers of a product or programme
think tank	group of people who are experts in a subject and discuss or research it in depth
tranquilizer	type of medicine that makes someone who takes it calmer or more relaxed
ubiquity	being everywhere

Index

Keto y ayuno intermitente

Su guía esencial para una dieta baja en carbohidratos para un perfecto equilibrio mente-cuerpo, pérdida de peso, con recetas cetogénicas para maximizar su salud

Por

Kyndra Backer

ÍNDICE

cualquier daño o dificultad que pueda resultar de cualquiera de las informaciones aquí discutidas.

Además, la información que figura en las páginas siguientes tiene fines exclusivamente informativos y, por lo tanto, debe considerarse universal. Como corresponde a su naturaleza, se presenta sin garantías sobre su validez prolongada o su calidad provisional. Las marcas comerciales que se mencionan se hacen sin consentimiento escrito y no pueden considerarse en modo alguno como una aprobación del titular de la marca.

INTRODUCCIÓN

Felicitaciones por la compra de Keto y el ayuno intermitente: Su guía esencial para una dieta baja en carbohidratos para un perfecto equilibrio mente-cuerpo, pérdida de peso, con recetas cetogénicas para maximizar su salud y gracias por hacerlo.

Realmente esperamos que usted pueda obtener el mayor beneficio de este libro ya que fue hecho con mucho esfuerzo y voluntad de ayudar a las personas a mejorar su salud, perder peso o superar cualquiera de los problemas con los que la dieta keto puede ayudar.

En los siguientes capítulos, podrá encontrar toneladas de información realmente interesante, empezando desde cero, sobre la dieta keto, cómo funciona, beneficios, riesgos, ayuno, autofagia, cómo relacionar tanto el ayuno keto como el intermitente y muchos otros hechos asombrosos que le ayudarán a cambiar su estilo de vida, empezando por sus hábitos de alimentación.

Los capítulos aquí escritos le enseñarán todo lo que necesita saber sobre la dieta cetogénica, el estado de la cetosis, qué alimentos están permitidos cuando se sigue la dieta cetogénica, el ayuno y los diferentes tipos de ayuno, cómo saber si soy capaz de seguir esta dieta, por qué se estresa la gente y cómo ayudará esta dieta al respecto, mejoras mentales y muchas otras informaciones extraordinarias.

Hay muchos libros sobre este tema en el mercado, ¡gracias de nuevo por elegir este! Se ha hecho todo lo posible para asegurar que esté lleno de tanta información útil como sea posible; ¡por favor, disfrútenlo!

CAPÍTULO 1:
¿QUÉ ES LA DIETA KETOGÉNICA?

Posiblemente cuando oímos la palabra dieta, nos viene a la mente la idea errónea de restringir el libre consumo de alimentos y limitarnos a unos pocos nutrientes y energías que se consideran "necesarios" para perder peso.

Antes de entrar en el tema de lo que podría ser la dieta cetogénica, definamos algunos conceptos, que serán de gran ayuda y apoyo para los siguientes capítulos.

¿Qué significa la palabra "dieta"? Esta palabra cuyo significado es "régimen de vida" viene de la palabra griega "dayta", esto se refiere al consumo de alimentos que hacemos en nuestro día a día (cada uno con un lapso de 24 horas) a nuestro organismo.

Con el paso de los años la palabra dieta ha adquirido mucho poder e importancia en la vida cotidiana del ser humano, ya sea por llevar un buen estilo de vida, una creencia o simplemente por curiosidad; actualmente existen millones de características asociadas a esta palabra (podrían ser: dieta baja en sodio, dieta vegetariana, dieta de reducción, dieta keto) lo importante es que siempre se deben cumplir las siguientes características para que se pueda llamar así, una "dieta":

Debe ser completa; una dieta debidamente equilibrada debe incluir todos los nutrientes necesarios para proporcionar todas las vitaminas y minerales que nuestro cuerpo necesita.

Una dieta no debe implicar un riesgo para nuestra salud, así como hay alimentos abundantes en nutrientes, hay alimentos que contienen toxinas y contaminantes para nuestro cuerpo, y estos deben ser consumidos con mucha moderación.

En el momento de ingerir los alimentos, nuestro plato debe estar proporcionalmente equilibrado (no debe haber más nutrientes que otros, se sugiere que todos son iguales).

El plato de nuestra comida para ingerir debe cubrir los suficientes nutrientes que necesitamos para tener un peso correcto. (y en el caso de los niños, un buen crecimiento y un correcto desarrollo.) Nunca es aconsejable sobrecargar nuestros platos con nutrientes para estar completamente llenos porque estar satisfecho ayuda mucho a nuestro cuerpo.

Una dieta correcta debe ser variada; es aconsejable incluir diferentes tipos de nutrientes en cada grupo o porción.

Y finalmente el más importante porque, para poder comer bien, tenemos que sentirnos cómodos, nuestra comida debe ser de acuerdo a nuestro gusto personal, esto también puede influir en nuestra cultura, recursos económicos o cualquier otro factor.

Es muy importante tener en cuenta que cada dieta es personalizada porque cada persona no tiene la misma condición física, dependiendo de esto se reflejará su estado de ánimo, energía física, capacidad mental, humor corporal, aspectos físicos como la piel, el cabello, los olores corporales e incluso la salud.

Hasta este punto, seguramente debemos preguntarnos, ¿Cómo puedo empezar una dieta correcta si he llevado un estilo de vida desordenado (en términos de mi dieta)?

Para poder "empezar" o simplemente comer adecuadamente, debemos ser fuertes y dejar de lado esas golosinas, reducir ciertos alimentos que nos perjudican; estos podrían ser: harinas pesadas, ciertos cereales, alimentos azucarados, y muchos otros alimentos que estamos acostumbrados a comer. Y lo más importante: no se trata de comer menos, sino de aumentar el número de comidas por día disminuyendo las porciones en cada plato; de esta manera estamos equilibrando nuestro organismo.

Una forma de ver claramente el ejemplo de lo que es una dieta es la dieta cetogénica, conocida por ser una dieta baja en carbohidratos, que nos ayuda a quemar la grasa más eficazmente.

Al ingerir carbohidratos, nuestro cuerpo produce sustancias como la glucosa y la insulina, que nuestro cuerpo necesita para producir energía. Ambas sustancias trabajan juntas dentro de nuestro torrente sanguíneo.

SIGNIFICADO DE KETO

La dieta cetogénica fue desarrollada a principios del siglo XX por los médicos, que buscaban una dieta basada en un alto consumo de grasas, con el fin de controlar las convulsiones en los niños. Se había observado durante mucho tiempo que el ayuno funcionaba como una especie de tratamiento para la epilepsia, pero, por supuesto, no era posible que una persona ayunara durante el resto de su vida, por lo que comenzaron a utilizar este tipo de alimentos en pacientes epilépticos en los que su dieta se iba a basar en el mayor consumo de grasas.

Con el tiempo se observó que estos pacientes que habían seguido el estilo cetogénico de alimentación habían disminuido sus convulsiones e incluso en una minoría habían desaparecido los ataques de convulsiones.

Con estos resultados, ciertos estudios indicaron que este tipo de alimentación generaba moléculas llamadas cetonas, que eran la razón del éxito en la reducción de las convulsiones epilépticas; por otra parte, otros estudios mostraron que la escasez de glucosa es la razón por la que estas convulsiones se aligeraban.

Como esta dieta es baja en carbohidratos y abundante en grasas, permite que nuestro cuerpo produzca moléculas (que podríamos considerar un tipo de combustible) llamadas "cetonas". La cetona sería como un tipo de combustible alternativo, que nuestro cuerpo utiliza cuando tenemos una deficiencia de glucosa (azúcar) en la sangre.

Esta molécula es producida por el hígado al disminuir la ingesta de carbohidratos y proteínas, ya que se convierten en azúcar cuando son absorbidos por nuestro torrente sanguíneo. Como vimos antes, la cetona se convierte en una especie de combustible para nuestro cuerpo en general, pero especialmente produce una gran cantidad de combustible para nuestro cerebro. Como sabemos, el cerebro es considerado una especie de ordenador en nuestro cuerpo, éste es responsable de procesar todo tipo de información como movimientos, gestos, cada palabra que decimos o pensamos en nuestro día a día, por lo que este órgano necesita un mayor consumo de energía, que en este caso sería cetona o glucosa.

Cuando aplicamos la dieta cetogénica, nuestro cuerpo cambia la forma en que suministramos ese "combustible" para trabajar principalmente con la grasa que producimos. Esta se quema constantemente las 24 horas del día, todos los días de la semana. Esto ocurre cuando nuestros niveles de insulina bajan porque nuestro cuerpo tiene acceso a la grasa almacenada en el cuerpo para ser quemada.

La dieta cetogénica es ideal si se necesita perder peso, ya que proporciona muchos beneficios como una mejor concentración, un mejor suministro de energía y algo muy obvio, sentirse más satisfecho con cada comida.

Cuando comemos este tipo de dieta, nuestro cuerpo entra en un estado metabólico llamado cetosis, que no es más que un estado natural en el que nuestro cuerpo se alimenta enteramente de grasa.

Hay algunas restricciones en este tipo de dieta. Definitivamente podemos decir que la dieta cetogénica posee un gran número de beneficios. Sin embargo, también posee una cierta cantidad de efectos "negativos", lo que indica que su práctica podría llegar a ser considerada peligrosa para algunas personas, ya que influye tanto en la salud física como en la mental.

Para seguir correctamente la dieta cetogénica debemos tener en cuenta que realizaremos ciertos cambios en nuestro estilo de vida, y por lo tanto debemos estar preparados física y mentalmente para ello, por lo que no es recomendable comenzar con este tipo de alimentos a aquellas personas que aún consideran el consumo excesivo de carbohidratos como parte fundamental de su dieta, personas que buscan una solución temporal para perder peso, personas que no mantienen una rutina constante (como vimos anteriormente al practicar esta dieta, nuestro cuerpo entra en un estado de cetosis, y nuestro cuerpo necesita ser capaz de adaptarse a los cambios).

En particular, este tipo de dieta no se recomienda a todas las personas que están tomando medicamentos o tienen una condición de salud especial, las mujeres embarazadas o las madres que están amamantando.

¿QUIÉN DEBERÍA SEGUIR ESTA DIETA?

Esta dieta se recomienda sobre todo a todos los pacientes epilépticos, aunque la mayoría de los jóvenes tienen dificultades para seguir este tipo de dieta, debido a que requiere un estricto cumplimiento de la forma de comer.

Entre los posibles efectos secundarios de esta dieta están el retraso del crecimiento (cuando esta dieta se aplica a los niños), problemas renales, pérdida de peso, debilidad de los huesos, etc.

Cuando una persona con una condición epiléptica está dispuesta a seguir esta dieta, debe pasar unos días en el hospital para controlar los posibles efectos a los que su cuerpo puede reaccionar. Una vez que esto ha sucedido, debe tener un control constante con un nutricionista que pueda guiar al paciente sobre cómo servir sus porciones de comida.

LAS PERSONAS CON DIABETES TIPO 1

Sabemos que esta diabetes de tipo 1 es una enfermedad autoinmune, en la que el sistema inmunológico ataca al páncreas, destruyendo las células que detectan el azúcar en la sangre y son responsables de crear insulina; cuando esto sucede, el cuerpo es incapaz de absorber la glucosa, y el azúcar acumulado podría aumentar de forma muy peligrosa.

Por lo tanto, los pacientes con diabetes de tipo 1 deben mantener un control constante de sus niveles de azúcar en la sangre; además, deben inyectarse ciertas cantidades de insulina para regularlo. Esta enfermedad es muy común en los adultos mayores de 30 años, aunque hay casos de personas cuya enfermedad fue detectada en la infancia.

Las personas que sufren esto pueden presentar complicaciones en su organismo, como hipertensión, daños en los ojos, daños en el sistema nervioso, daños en el sistema renal, e incluso pueden desarrollar enfermedades cardíacas. Es por esta razón que la dieta cetogénica puede influir en gran medida en su mejora, ya que, al reducir el azúcar en la sangre, la necesidad de insulina se reduciría hasta en un 70%; claramente, esto siempre debe ser con una obediencia absolutamente estricta a la dieta cetogénica.

Es muy importante seguir esta dieta porque si fallas o haces trampas con algún alimento, podrías poner tu cuerpo en un estado peligroso y mortal conocido como cetoacidosis; esto ocurre cuando las moléculas de cetona se acumulan en la sangre, reaccionando de forma agresiva y haciendo que esta sangre se vuelva ácida.

LAS PERSONAS CON DIABETES TIPO 2

Este tipo de diabetes es el resultado de un mal estilo de vida nutricional en el que los niveles de azúcar se elevan a niveles muy altos, creando así resistencia a la insulina, esto no es más que una incapacidad del cuerpo para hacer uso de la hormona que produce la insulina.

Podría ser muy contradictorio aplicar la dieta cetogénica a los pacientes diabéticos de tipo 2, ya que la mayoría de ellos son pacientes con obesidad, y añadir una dieta alta en grasas sería algo confuso. Pero esto podría ser visto como un malentendido en la información de los carbohidratos y las calorías, ya que no todos son iguales.

Las calorías, a diferencia de los carbohidratos, son capaces de reducir el apetito, haciendo que un diabético de tipo 2 reduzca su ingesta calórica. Además, también disminuye la producción de grelina; ésta se conoce informalmente como la hormona que produce el apetito, y también aumenta la producción de amilina y leptina; conocidas informalmente como las hormonas que nos hacen sentir satisfechos como resultado de la cetosis.

Los pacientes con diabetes de tipo 2 también son muy susceptibles a la cetoacidosis, por lo que es muy importante que se sometan a constantes revisiones médicas y mantengan una dieta equilibrada proporcionada por un nutricionista.

CAPÍTULO 2: MITOS DE KETO

Debido a que este tipo de dieta puede parecer un poco estricta o mucha, dependiendo de su punto de vista, surgen muchos mitos sobre la dieta keto. Como el siguiente:

- Cuando entras en cetosis, tu cuerpo va hacia la cetoacidosis: ¿Qué significa esto? Porque como ya sabes, la cetosis significa que los niveles de azúcar en la sangre son bajos, por lo que el cuerpo entra en cetosis, convirtiendo la grasa en energía; si ese es el caso, puedes empezar a perder grasa y así sucesivamente, pero ahora la cetoacidosis es algo absolutamente diferente, porque esta es una condición médica, que es extremadamente grave, porque es producida por bajos niveles de insulina, y muy, muy altos niveles de cetonas, que podrían llegar a ser fatales, podemos decir que esta condición se encuentra en algunos pacientes diabéticos. Viendo ambos conceptos, podemos observar que son cosas diametralmente diferentes, ya que uno es una condición saludable del cuerpo, que permite la quema de grasas de manera natural, y el otro es una condición clínica de los pacientes con diabetes.
- La dieta del keto se basa sólo en la eliminación de los carbohidratos: Esto es completamente falso, ya que la base de la dieta keto no es sólo eso sino que se basa en un consumo muy elevado de grasas, además, no busca eliminar por completo los carbohidratos, sino que requiere un consumo eficiente de los mismos, el mínimo realmente, pero no prohíbe el consumo de los mismos, ya que se basa en un conjunto de condiciones que deben cumplirse para llegar a la cetosis, lo que implica obtener energía a través

17

de las grasas y no de los azúcares que nos proporcionan los carbohidratos.

- Se pierde músculo mientras se hace la dieta cetogénica: Esto es falso, porque el keto, es extremadamente usado por los atletas, pero este mito surge de una confusión, porque hay un proceso en el cuerpo, que convierte la proteína en glucosa, y como sabes, nuestro cuerpo no es capaz de descomponer la grasa en glucosa. Por esta razón la gente piensa que se perdería músculo, pero no puede estar más lejos de la realidad, ya que casi nada se convierte en glucosa, por esta razón, se entiende que se llega a la falsa conclusión de que se pierde músculo, pero para que los músculos se mantengan, o crezcan, es algo absolutamente asombroso, porque para empezar, los músculos necesariamente utilizan la glucosa, por lo tanto, hay procesos en nuestro cuerpo que dependen de la glucosa, pero hay otros que no, y las mismas tareas que algunos órganos pueden realizar con la glucosa, las pueden realizar con las cetonas, uno de estos órganos capaces de hacer esto es el cerebro, el asombroso proceso que el cuerpo humano es el siguiente, la poca glucosa que el cuerpo genera va al cerebro, pero en este caso, el cerebro depende de las cetonas, y una cierta cantidad de ellas irá al cerebro, y la glucosa que estaba destinada a ese órgano, irá a los músculos, para mantener la masa muscular o aumentar el tamaño de los mismos.

- Todas las personas necesitan las mismas cantidades de carbohidratos: Esto es totalmente falso ya que no todos tienen las mismas necesidades porque dependen de las condiciones de salud individuales de cada persona. Por lo tanto, es probable que algunas personas no puedan hacer una dieta cetogénica estricta de inmediato, ya que pueden verse afectadas por un cambio tan drástico en su ingesta alimentaria, que también puede depender de su actividad física diaria.

- La dieta cetogénica limita el consumo de ciertos alimentos: Esto es absolutamente cierto, ya que muchos de los alimentos que restringe son cereales, dulces, bebidas azucaradas, alimentos procesados y muchas frutas, ya que la mayor parte de su composición se basa en los carbohidratos, convirtiéndose así en fructosa en el cuerpo y dificultando el proceso de cetosis, y que la energía no se produciría gracias a las grasas y las cetonas, sino a los azúcares de nuestro cuerpo.

- La dieta cetogénica ralentiza el metabolismo: Esto se debe a que cuando la gente escucha la palabra dieta, le viene a la mente la ralentización del metabolismo, y esto es porque, en la gran mayoría de las dietas, una gran disminución en el consumo de calorías, a largo plazo, generará una ralentización del metabolismo de las personas que hacen tales dietas. Para evitar esto y hacer uso de la cetosis, es bueno que un día, procedamos a comer carbohidratos, por supuesto no en un gran exceso, pero se salteará la dieta, por así decirlo. Después de eso, puede reanudar la cetosis, porque llegará un momento en que podrá alcanzar el estado de cetosis muy rápidamente. Pero es que realmente, esta dieta tiene algo muy particular, ya que permite mantener el mismo metabolismo o incluso podría incrementarlo, ya que realiza un alto consumo de calorías, y permite perder peso, consiguiendo así ser una dieta que realiza algo totalmente diferente a las demás dietas, ya que las comunes se caracterizan por un bajo consumo calórico y éstas son capaces de ralentizar el metabolismo. Aunque ya hemos mencionado que la dieta cetogénica no ralentiza el metabolismo, no es una mala práctica, como se ha dicho

19

anteriormente, consumir a veces una mayor cantidad de carbohidratos.

- Comer tantas grasas es perjudicial para la salud: Esto es un mito, ya que existen grasas buenas y grasas malas, las cuales son dañinas son las que se encuentran en los aceites de fritura, mantequilla y grasas trans, pero también existen grasas buenas, las que se encuentran en los alimentos sin necesidad de pasar por procesos químicos, como el aguacate, el aceite de coco, entre otros, ya que hay muchas personas que creen que tienen que comer alimentos fritos, mantequilla, hamburguesas, pizzas, porque la dieta cetogénica se basa en el consumo de grasas, pero en el buen consumo de las mismas. Las buenas grasas son vitales para el cuerpo por varias razones, entre las cuales se encuentran ser responsables de la constitución de las membranas celulares, el transporte de vitaminas solubles en grasa, y como si esto no fuera suficiente, también proporciona energía al cuerpo. Por lo tanto, podemos decir que el cuerpo humano necesita las grasas para su correcto funcionamiento, pero en una buena proporción.

- Las dietas cetogénicas son altas en proteínas: Esto es falso por varias razones, la primera es que una alta ingesta de proteínas se va a convertir en fructosa o azúcar en nuestra sangre por así decirlo, lo que hace que salga del estado de cetosis, por lo tanto, afecta el propósito de la dieta, que es llegar a estar a ese nivel para quemar grasa, otro punto que afecta la alta ingesta de proteínas, es que la descomposición de los aminoácidos que se obtienen en las proteínas, producen un aumento en el número de cetonas que se encuentran en nuestro cuerpo, pero aunque esto suena atractivo para los propósitos de la dieta keto, lo mismo es peligroso para la salud, ya que una cantidad desproporcionada de cetonas en nuestro cuerpo más que un beneficio puede convertirse en un riesgo.

- La dieta cetogénica implica no comer durante largos períodos de tiempo: Esto es falso, ya que este tipo de dieta nunca requiere largos períodos de tiempo sin comer, sino más bien una dieta baja en carbohidratos, que es la base de la dieta cetogénica, pero aunque no hay ninguna restricción en el consumo de alimentos, también es cierto que el ayuno es muy útil y beneficioso para perder peso, pero el principio fundamental del keto, es hacer un plan de alimentación completo, que permita a las personas alimentarse y sentirse saciadas al comer, consumiendo grasas de calidad, produciendo así altos niveles de energía que no dependen de la fructosa generada por los carbohidratos, sino de la grasa, gracias a las cetonas

- La dieta cetogénica no permite el consumo de dulces o postres: Esto es falso, ya que la keto, se basa en no consumir carbohidratos o alimentos procesados como azúcares, pero hay postres que no tienen nada de eso en su preparación, como los basados en nueces, yogurt griego, chocolate, además, que estos son endulzados con edulcorantes naturales como la stevia, porque como saben, no tiene fructosa. Por lo tanto, podemos obtener dulces como pasteles de queso, brownies o incluso galletas, y no hay necesidad de ninguno de los ingredientes tradicionales que nos sacarían del estado de cetosis. Estas recetas se explicarán más adelante, a medida que el libro avance.

Estos son algunos de los mitos que podemos obtener con la dieta cetogénica, como pueden ver, todavía hay gente que no cree en ella por este tipo de mito, sólo dependerá de ustedes si creen en el keto o no.

CAPÍTULO 3:
BENEFICIOS DEL USO DE KETO

Cuando hablamos de la alimentación cetogénica podemos pensar que el único beneficio o el que destaca, a primera vista, es la considerable pérdida de peso, que de hecho se consigue rápidamente, pero no sólo la pérdida de peso es el beneficio que se consigue con esta dieta, como hemos comentado anteriormente, en sus inicios esta dieta se aplicaba en adultos y niños que sufrían ataques epilépticos.

También se han observado mejoras en las personas que sufren convulsiones y problemas en sus funciones cognitivas.

También se ha observado que en las personas que tienen ciertas condiciones cerebrales, la dieta keto tiene algunas propiedades curativas cuando se hace, como las enfermedades neurodegenerativas, la epilepsia. Además de ser capaz de elevar los niveles de endorfina, elevando así los estados de ánimo, así como mejoras en la concentración, eleva los niveles de melatonina, ayudando a dormir mejor y a regular nuestro ciclo circadiano.

Además, esta dieta reduce considerablemente los niveles de azúcar en la sangre, por lo que se recomienda ampliamente para los diabéticos. Esto se debe principalmente al hecho de que, al disminuir el consumo de carbohidratos, vamos a reducir los niveles de azúcar en la sangre. Cuando ingerimos carbohidratos, estos alimentos son digeridos y transformados en glucosa en la sangre, en ese sentido comienza a actuar la insulina que es la hormona que se encarga de enviar toda esa glucosa a las células para que la consuman o en su ausencia y eso es lo que en realidad siempre sucede, almacenarse. Hay casos en los que las células dejan de responder a la insulina, y de esta forma se pierde el control de la glucosa en la sangre, y es entonces cuando tenemos un problema grave porque estaríamos hablando de padecer una diabetes de tipo 2. Pero en los pacientes que han sido tratados con esta dieta cetogénica y ejercicio, se han encontrado mejoras considerables. De hecho, muchas de las personas han disminuido considerablemente el consumo de sus medicamentos desde su aplicación.

También se obtienen mejoras cardiovasculares, mejorando así todos los indicadores que determinan el riesgo de padecer enfermedades cardiovasculares, se ha demostrado en diversos estudios que, aunque esta dieta aumenta el consumo de grasas, los niveles de colesterol mejoran, lo que significa que hay un mayor porcentaje de colesterol bueno HDL y LDL-C, también hay una gran disminución de los niveles de triglicéridos y mejoras en la presión arterial de las personas que la practican. Contra todo pronóstico, cuando algunos críticos pensaban que este tipo de alimentos podía alterar los niveles de colesterol y triglicéridos, ya que se ha determinado que ocurre lo contrario.

Llevando el cuerpo al estado de cetosis uno de los cambios más notorios es la disminución de la grasa corporal y menos grasa visceral, la grasa subcutánea es la grasa que podemos sentir o en su defecto pellizcar y que podemos obtener en nuestros brazos, piernas, vientre y otros lugares. Mientras que la grasa visceral es la que se acumula alrededor de los órganos y que podría, en algunos casos, causarnos o aumentar los riesgos de salud. Con este método de alimentación, somos capaces de reducir estos dos tipos de grasa. Especialmente hay una considerable disminución de la grasa en la cavidad abdominal.

Las dietas cetogénicas se han utilizado durante muchos años para tratar los problemas de epilepsia, pero este tipo de dieta también se está estudiando para enfermedades como el Alzheimer y el Parkinson, y esto se debe a que los cuerpos cetogénicos tienen efectos neuroprotectores.

Y es que uno de los beneficios de la dieta keto, es que tiene la posibilidad de alimentar y curar el cerebro, esta dieta es la principal fuente de energía del cerebro.

El sistema digestivo es considerado como el segundo cerebro que tenemos, el intestino tiene una estructura como una malla, y esta malla es perforada o agujereada por los antinutrientes y el gluten, que es lo que se conoce en la medicina como intestino permeable, esta patología logra un proceso inflamatorio en el cuerpo que es capaz de mejorar con el keto, esta dieta es capaz de ayudar a regular el sistema digestivo.

La dopamina es una molécula producida de forma natural por nuestro organismo, dentro de sus funciones tenemos el placer, el aprendizaje, la toma de decisiones, la coordinación de movimientos, la motivación, y cuando estamos en presencia de la dopamina los sistemas de recompensa de nuestro cerebro se van a activar y de esta forma responder al estímulo que tiene una carga positiva en cada uno de nosotros. La dopamina ayuda en el proceso de recordar alguna información. Ahora los bajos niveles de dopamina están directamente relacionados con estados de depresión, trastornos de déficit de atención, hiperactividad, Parkinson, hipertiroidismo. Pero la buena noticia es que la dieta keto aumenta los niveles de dopamina, por lo que es aconsejable comer de esta manera.

Cuando alcanzamos el nivel de cetosis, hay muchas ventajas y beneficios que adquirimos con esto. Hay una disminución de la inflamación a nivel general en el cuerpo, disminuye el estrés oxidativo, siendo estos neuroprotectores, antitumorales. Aumenta nuestro sistema inmunológico, por lo que podemos concluir que otro beneficio es mejorar las enfermedades autoinmunes.

Con todo lo anterior no podemos considerar la dieta cetogénica sólo para perder peso, ya sabemos que es una dieta que metaboliza la grasa de manera efectiva y eficiente, si tenemos un exceso de grasa nuestro cuerpo la usará, de lo contrario usará la grasa que comemos como combustible y cuando necesite más combustible nos lo hará saber a través del hambre.

Alcanzar estos niveles cetogénicos mejora el rendimiento físico y mental de cada uno de los que lo practican, y esto se debe a que, en la cetosis, los niveles de glucosa en la sangre son siempre estables, por lo que no sufriremos síntomas de hipoglucemia. Nos volvemos más saludables, y, además, no tenemos ningún efecto secundario, la clave es no fallar, es lograr en principio desintoxicar nuestro organismo de todos los antinutrientes que se alojan en el cuerpo, una vez logrado este paso veremos lo fácil que es implementar este plan de alimentación.

Las migrañas están clasificadas como un trastorno neurológico, la falta de energía en las neuronas es una de las causas de estas migrañas, es bien sabido que hay muchos tratamientos que se han probado para las migrañas, pero tenemos buenas noticias, la cetosis puede eliminar este trastorno, la hipoglucemia se asocia con el dolor de cabeza, cuando estamos en una dieta normal, la glucosa es el único combustible para el cerebro, por lo que la energía que necesitamos para las neuronas no es suficiente, pero esto no sucede con las cetonas, como un combustible alternativo. Dado que las cetonas son entonces el combustible más eficaz para el cerebro, el corazón y también el intestino, preservan y promueven la creación de masa muscular, promueven la generación de nuevas mitocondrias y finalmente aumentan la longevidad en cada una de las personas que lo practican.

La dieta cetogénica activa los genes necesarios para poder utilizar la grasa como combustible principal, y el azúcar como combustible secundario, por lo que podemos decir que vamos a tener dos depósitos de combustible, uno procedente de las grasas donde se pueden almacenar millones de kcal, y otro de azúcar o glucógeno y que además es muy limitado ya que tiene aproximadamente 2000 kcal. Cuando usamos el tanque de azúcar lo gastamos rápidamente por lo que necesitaremos rellenar este tanque y obtener de nuevo el combustible que necesitamos, pero si, por el contrario, usamos combustible de grasas con la dieta keto, tendremos un tanque inagotable de combustible y disponible en cualquier momento, ¿podría haber un mejor beneficio de ello? La dieta del keto es una herramienta maravillosa para mejorar nuestra salud.

CAPÍTULO 4:
CETOSIS Y SALUD MENTAL

Para empezar esta sección, lo primero que necesitamos saber o definir es, ¿qué es la salud? ¿Y qué es una mejor definición que la que nos puede ofrecer la Organización Mundial de la Salud? Dice que literalmente "La salud es un estado de completo bienestar físico, mental y social, y no sólo la ausencia de enfermedad o dolencia", por lo tanto, podemos decir que la salud no es sólo la ausencia de enfermedades físicas, sino que también hay que ser equilibrado mental y psicológicamente, además de ser socialmente bueno con los demás, ya que muchos estudios han demostrado que una persona que no está psicológicamente bien tampoco tendrá salud física. Además, los pacientes de cáncer suelen hacer terapias psicológicas para poder recuperarse más rápidamente, ya que los pacientes emocionalmente estables tienen un mayor porcentaje de recuperación.

Por lo tanto, recomendamos que primero intente ser estable mentalmente porque no importa cuánta dieta cetogénica haga, no podrá tener una salud integral completa, por lo tanto, siempre es bueno tener los tres estados estables de salud, tanto físicos, como emocionales y sociales.

Después de haber mencionado la importancia de la salud integral, podemos explicar la importancia de la dieta cetogénica para poder mejorar nuestra salud física, ya que ésta no sólo nos ayuda a reducir, ya que muchas veces, éste es el fin que se busca a las dietas, sino que la misma tiene una serie de utilidades en el ámbito de la salud como podréis ver a continuación.

Cetosis y cáncer: La dieta cetósica es muy útil para los pacientes de cáncer, porque una gran parte de las células cancerosas se alimentan de células de glucosa y como ya debes saber que la glucosa en nuestro cuerpo se produce gracias a la ingesta de carbohidratos, por lo tanto, al disminuir drásticamente su consumo, se crearán menos células de glucosa, y las células cancerosas no podrán alimentarse, o no la mayoría de ellas, ya que casi ninguna de estas células puede alimentarse de cetonas, por lo que podemos detener o ralentizar la tasa de crecimiento del cáncer.

Cetosis y diabetes: Como es sabido, la diabetes es una enfermedad que se produce cuando hay una excesiva concentración de glucosa en la sangre, ya sea porque el páncreas no produce suficiente insulina, y esto genera que la glucosa no se transforme en energía de manera eficiente. Por lo tanto, después de saber esto, podemos hacer uso de la dieta keto, y así lograr el control de la glucosa en nuestra sangre, porque generaremos más cetonas en nuestro cuerpo, y éstas harán el trabajo de la glucosa en nuestro cuerpo, generando energía a través de ellas, logrando así una mejor calidad de vida para los pacientes.

Pero ahora, yendo al grano, la cetosis tiene un gran impacto en la salud de nuestro cerebro ya que, en primer lugar, gran parte de los procesos vitales para nuestro cuerpo los realiza el cerebro con la ayuda de la cetosis, pero estas funciones también pueden ser utilizadas con la ayuda de las cetonas. Por lo tanto, podemos decir que el cerebro puede utilizar las células que se producen cuando se practica la dieta cetogénica para realizar sus funciones vitales.

Uno de los primeros beneficios que podemos observar de la dieta cetogénica es que mejora el estado de los pacientes que sufren de epilepsia, que es un trastorno cerebral que se produce cuando hay una sobreactividad eléctrica en algunas áreas específicas del cerebro, las personas que lo padecen, pueden sufrir convulsiones o movimientos indeseados, cuando se producen estos ataques se denominan ataques epilépticos. Pero entonces, para un tratamiento, o ayuda que se puede hacer a los pacientes que sufren de epilepsia, es el uso de la dieta cetogénica, ya que la dieta es capaz de reducir en un grado muy alto la frecuencia de los ataques que pueden ocurrir a los pacientes que sufren de epilepsia, Por supuesto, esto no significa que los pacientes deban dejar de tomar sus píldoras para controlar la enfermedad, pero la dieta cetogénica podría ser de gran ayuda para reducir la frecuencia de las convulsiones, porque, como se sabe, la dieta cetogénica hace que aumente mucho el nivel de cetonas en la sangre, lo que permite un mejor control de las convulsiones.

La mayoría de las veces esta dieta es prescrita, se le da alcance a los niños, y los resultados estadísticos de los pacientes con epilepsia, podemos encontrar que hay casos que oscilan entre el 10% y el 15% que no vuelven a sufrir convulsiones, también hay otros casos en los que más del 50% de los pacientes que son instruidos para seguir la dieta, la frecuencia en que se producen las convulsiones se reduce al menos a la mitad del tiempo. ¿Cómo ayuda la dieta cetogénica a los pacientes con convulsiones? Bueno, como tenemos un alto nivel de cetosis, nos permite alterar los genes que están relacionados con el metabolismo energético del cerebro, ya que el cerebro tomará cetonas como su principal fuente de nutrición, en lugar de glucosa, lo que implica que se controlarán las funciones neuronales, que son las que se ven afectadas en el momento de los ataques. También para verificar el resultado de la dieta de cetonas en nuestro cerebro, con respecto a esa enfermedad, podemos observar que hubo un aumento sustancial de las reservas de energía de las neuronas del hipocampo, aumentando el número de mitocondrias, por lo tanto, aumentando la concentración de mitocondrias en el hipocampo, lo que significa que la densidad de las mitocondrias en el hipocampo aumentó mucho, esto significa que la producción de energía en el hipocampo se mejora, lo que puede significar que se obtendrá una mejor estabilidad neuronal.

Por otro lado, hay otras enfermedades cerebrales que pueden ser mejoradas a través de la práctica de la dieta cetogénica, como el Alzheimer, que es una enfermedad cerebral, mejor dicho, es un desorden cognitivo progresivo que degenerará las células cerebrales, lo que lleva a problemas de memoria, pensamiento y comportamiento, dicha enfermedad está empeorando gradualmente, llevando a la muerte de las personas que la padecen. No hay forma de acabar con la enfermedad, sólo hay tratamientos para ralentizar su proceso degenerativo, pero no hay forma de eliminarla. Pero para que estos pacientes logren una mejor calidad de vida, se puede recomendar la dieta cetogénica, ya que las cetonas del cerebro podrían reactivar algunas neuronas, reparando así parte del daño cerebral causado por el Alzheimer, ya que, gracias a la ayuda de las cetonas, podemos intentar prolongar la vida de estas neuronas, cuidando también nuestras dendritas y axones, logrando así, o, mejor dicho, intentando lograr mejores conexiones en el cerebro para intentar hacer sinapsis. Este es el principal daño de la enfermedad de Alzheimer, ya que no permite una buena sinapsis en el cerebro, colocando así barreras cada vez más difíciles en los pacientes para usar su cerebro, ya sea para recordar cosas o hacer actividades diarias. Aunque no se puede decir que haya evidencia irrefutable de que la dieta cetogénica pueda detener el Alzheimer o ponerle fin, lo que sí podemos decir es que se han realizado una serie de experimentos en animales, que ya tienen degeneración cerebral, algo muy similar a los que sufren este tipo de pacientes, y se puede decir que los animales que estaban en una dieta cetogénica, podían realizar las tareas de una mejor manera que los animales que no estaban en ella; por otro lado, se hicieron estudios en ratones en su etapa juvenil, que tenían lesiones cerebrales, y se pudo observar que aquellos a los que se les aplicó la dieta cetogénica, el cerebro estaba protegido de los daños, pero no sólo eso, hubo casos en los que fue posible regenerar el daño cerebral. Por lo tanto, podemos decir que la dieta cetogénica podría ser esperanzadora para los pacientes que sufren de la enfermedad de Alzheimer.

Estas son algunas de las enfermedades con las que la dieta cetogénica puede ayudarnos, pero también hay otras que serían igual de útiles para tener una mejor calidad de vida, por mencionar alguna otra enfermedad cerebral que esta dieta podría ayudar al cáncer de cerebro podría ser una de ellas, con esto no queremos decir que las enfermedades se eliminen solo haciendo la dieta, porque tampoco es mágica, pero podemos decir que podría mejorar la calidad de vida del paciente, y también es muy bueno para el paciente estar en mejores condiciones para tomar el tratamiento con su médico de confianza.

CAPÍTULO 5: NUTRICIÓN KETOGÉNICA

Al iniciar una dieta cetogénica, debemos tener en cuenta factores muy importantes como nuestros hábitos alimenticios; la cantidad de alimentos que comemos cada día con su consistencia (esto incluye las comidas pesadas o ligeras).

Además, debemos tener en cuenta factores importantes de nuestro cuerpo, como el peso y la altura, considerar si estamos consumiendo algún tratamiento farmacológico, realizar análisis de sangre previos para descartar cualquier debilidad que pueda producirse en nuestro cuerpo.

La dieta cetogénica tiene una innumerable variedad de beneficios, ya hemos visto cómo puede mejorar las funciones cerebrales, ayuda a la regulación hormonal en las mujeres, ha sido utilizada para pacientes que sufren de ataques epilépticos, y así una lista interminable de beneficios que ha logrado colocar a esta dieta como una de las más solicitadas y como una de las más investigadas.

Pero también ha surgido la necesidad de saber si este método de alimentación posee nutrientes de alto valor para nuestro organismo, y es que, aunque la principal restricción de la dieta keto es la eliminación de los carbohidratos y de los azúcares y harinas refinadas, los alimentos que se permiten son de alto contenido nutricional.

Si aprendemos a conocer nuestro cuerpo y el contenido nutricional de los alimentos, podemos hacer un cambio significativo en nuestras vidas. Uno de los grupos de alimentos que más se consume en esta dieta son las verduras. Se recomienda consumir muchos alimentos verdes, como espinacas, apio, o apio, España, perejil, todos con altas propiedades nutricionales y grandes cantidades de magnesio.

Otro de los alimentos que se utilizan en este plan es el consumo de carne, pollo, cerdo o pescado, aunque en otras dietas este tipo de alimentos está restringido, se trata de una dieta que prioriza el consumo de grasas naturales y saludables, sin afectar los niveles de colesterol o de triglicéridos, Los pescados blancos son opciones magras que son a la vez reducidas en calorías, el pescado es una proteína de alta calidad y una maravillosa fuente de omega 3, que proporciona innumerables beneficios para la salud de nuestro cuerpo, la idea principal de la comida cetogénica es reducir al máximo el consumo de carbohidratos para poder producir cuerpos cetónicos o cetosis.

El aceite de oliva es un elemento clave y nutritivo, es una excelente fuente de grasa de calidad para el cuerpo, el aceite de oliva tiene propiedades antioxidantes y antiinflamatorias. También es un aceite de alta calidad, pero siempre es aconsejable usarlo de forma moderada y evitar los alimentos fritos cuando se preparan las comidas.

El aguacate es una fruta muy utilizada en esta dieta, es una proteína vegetal que proporciona beneficios antioxidantes, así como vitaminas y minerales, el aguacate es rico en potasio, además de tener ácidos grasos que son muy beneficiosos para la salud cardiovascular, tienen una gran cantidad de fibra, ayudan a bajar los niveles de colesterol y triglicéridos. Es un alimento que se puede utilizar para preparar el desayuno, el almuerzo o la cena, y como puede ver, la comida también se centra en mejorar su salud.

El huevo también es un alimento permitido y nos proporciona grasa y proteína, vitamina B1, A, D, B2, y niacina, con la que podemos hacer muchos platos, y complementos para otras comidas.

Los frutos secos y las semillas también se recomiendan en esta dieta, rica en fibra y grasas naturales, omega3, antioxidantes, además de las semillas y los frutos secos se puede hacer un gran número de platos, ya sea pan keto, tortillas, mantequilla, e incluso cremas de chocolate, porque a medida que se adquieren más conocimientos sobre el tema y las propiedades de los alimentos que se consumen, se puede ser capaz de preparar platos o menús muy nutritivos y con el objetivo de llegar finalmente a la cetosis nutricional.

Los quesos frescos son ricos en proteínas con una baja cantidad de grasas saturadas y sodio, son una fuente rica en calcio, vitamina A y D. También hay quesos vegetarianos que, además de ser muy ricos, hay una gran variedad de ellos.

en la dieta cetogénica hay diferentes tipos dentro de ella, existe la clásica dieta cetogénica rica en grasas, donde alrededor del 90% de la dieta consumida es grasa, esta dieta se ajusta a las cantidades de energía de cada individuo, en general, se maneja de la siguiente manera: por cada 3 o 4 gramos de grasa consumida, se ofrece un gramo de proteína en conjunto. sin embargo, esto no siempre es así, dependiendo de las necesidades de cada persona, la dieta se ajustará en función de su capacidad cetogénica.

También existe la dieta cetogénica con triglicéridos de cadena media MCT propuesta en 1971 por Huttenlocher. En esta dieta, el tipo de grasa se consume como aceite de MCT, y es que los lípidos de MCT se metabolizan más rápido que los triglicéridos de cadena larga LCT, y por lo tanto permiten la cetosis más rápidamente.

¿QUÉ PASOS DEBEN SEGUIRSE PARA EL CORRECTO FUNCIONAMIENTO DE ESTA DIETA?

Como la dieta cetogénica es una dieta de nivel complejo, es muy importante que cada paso se siga estrictamente sin errores.

No importa si hacemos esta dieta por nuestra propia decisión o para mejorar nuestra salud y condición física o si sufrimos algún tipo de enfermedad (como epilepsia, diabetes entre otras) que nos beneficiaría en la salud, es muy importante acudir a un nutricionista para que nos dé la orientación necesaria para no perjudicar nuestra salud y nos informe correctamente de cómo seguir la dieta cetogénica.

En el caso de los niños, es muy importante que cumplan con todas las reglas de la dieta equilibrada sin ningún fallo; ya que, al encontrarse en una etapa de crecimiento, estos cambios marcarán un gran cambio en su organismo y en su desarrollo cognitivo. Como ya sabemos, cada dieta es personal, y por este motivo, no todas las dietas son adecuadas para todos los niños (independientemente de que tengan la misma edad, peso o tamaño).

Los nutricionistas suelen evaluar principalmente el número de nutrientes consumidos en los tres primeros días de comenzar este nuevo estilo de nutrición para observar en detalle cómo reacciona nuestro cuerpo a los cambios e incluso, en algunos casos, supervisa una enfermedad.

TIPOS DE DIETA KETOGÉNICA

Hay diferentes tipos de dieta citogenética, y por eso debemos estar muy atentos a cuál es la más apropiada según nuestra condición física y mental.

DIETA CITOGENÉTICA CÍCLICA

Este tipo de dieta es aquella en la que, como su nombre indica, se va a seguir un ciclo en el que se incluye un plan de ciertos períodos para el consumo de carbohidratos, por ejemplo: 6 días de estricto cumplimiento de la dieta cetogénica y un día de carbohidratos.

DIETA CETOGÉNICA ESTÁNDAR

Este es el tipo de dieta en la que su plan de comidas bajas en carbohidratos modera la ingesta de carbohidratos y la mayoría de los alimentos serán a base de grasas. Esto normalmente oscilará entre el 75% y el 80% de grasa, entre el 15% y el 20% de proteína y sólo el 5% o menos de ingesta de carbohidratos.

DIETA CETOGÉNICA DE ALTA PROTEÍNA

Este tipo de dieta es aquella en la que la distribución de los alimentos es la siguiente: 60% de grasa, 5% de carbohidratos y 35% de proteínas. En otras palabras, esta dieta realizará las funciones de la dieta citogenética estándar, pero añadirá más proteínas de lo habitual.

Es importante señalar que estos porcentajes pueden variar según las necesidades de nuestro cuerpo y condición.

DIETA CITOGENÉTICA ADAPTADA

Este es el tipo de dieta en la que se nos permite consumir carbohidratos en los días que hacemos ejercicio.

En general, las dietas cíclicas o adaptadas son utilizadas con fines más profesionales por los expertos en salud, los atletas o los culturistas, ya que tienen un conocimiento más profundo de su cuerpo y son capaces de manejar cualquier tipo de situación con su cuerpo.

CAPÍTULO 6: AYUNO INTERMITENTE

Cada vez más personas están interesadas en practicar el ayuno intermitente, ya que cada día se conocen más los amplios beneficios que puede conseguir nuestro cuerpo al aplicarlo. Hoy en día, la palabra "ayuno intermitente" se ha convertido prácticamente en una tendencia mundial, sobre todo en el ámbito de la aptitud física y los métodos para perder peso más rápidamente y sin efecto rebote, que es lo que preocupa principalmente a las personas que hacen dietas diferentes.

El ayuno intermitente es un mecanismo fisiológico que se ha practicado desde nuestros antepasados, el ayuno es absolutamente beneficioso para la salud, y es algo que se ha practicado a lo largo de la historia.

Pero cuales son los resultados que podemos obtener al aplicar el ayuno intermitente, que nos anima a aplicarlo, pues, el ayuno intermitente regula la glucosa en la sangre, mejora la presión arterial, mejora el enfoque y la claridad mental, ayuda notablemente en el proceso de desintoxicación, aumenta considerablemente los niveles de energía de nuestro cuerpo, aumenta la productividad de diferentes hormonas en nuestro organismo, como la hormona del crecimiento, reduce el ritmo de envejecimiento, previene el cáncer, la regeneración celular, entre muchos otros beneficios.

El ayuno intermitente es muy importante y consiste en no comer alimentos durante un tiempo estimado. El ayuno diario entre 16-22 horas es una herramienta de salud que disminuye el riesgo de enfermedades.

Cuando hacemos el ayuno intermitente los niveles de insulina bajan cuando estos niveles bajan, el cuerpo extrae energía del hígado y de las grasas, y cuando ayunamos continuamente nuestro cuerpo logrará un buen equilibrio y comienza la keto-adaptación. El ayuno intermitente funciona porque cuando bajamos los niveles de insulina, el cuerpo comienza a quemar grasa.

La mejor manera de hacer un ayuno intermitente es con la dieta cetogénica, el ejercicio. El ayuno intermitente permite a las hormonas hacer su trabajo correctamente, durante este periodo de tiempo que no ingerimos ningún alimento no hay insulina, y en su ausencia, las hormonas contra-reguladoras como la hormona del crecimiento, el glucagón, la adrenalina, etc., pueden iniciar las vías de reparación celular y así limpiar nuestro cuerpo de desechos metabólicos, ayudando al crecimiento de la masa muscular, para acceder a nuestra grasa corporal que empieza a ser utilizada inteligentemente por nuestro cuerpo como energía, comienza la producción de cetonas en el hígado y aumenta el gasto calórico basal.

Cuando ayunamos de forma intermitente, aumenta la producción de hormonas de crecimiento (GH), como ya se ha mencionado, pero ¿qué hace esta hormona en nuestro cuerpo? hace tres cosas fundamentales: favorece la lipólisis, aumentando la oxidación de las grasas, ayudando así a la producción de cetonas, también ayuda a mantener la masa muscular inhibiendo la degradación de los músculos para producir glucosa, y finalmente evita que presentemos síntomas de hipoglucemia.

Debemos entender que cuando comemos y cuando nos suprimimos de la comida generamos hormonas que tienen diferentes mecanismos de acción, por ejemplo, cuando practicamos el ayuno, es decir, no comemos durante ciertos períodos de tiempo, generamos más hormonas de crecimiento, adrenalina o glucagón, mientras que cuando nos alimentamos, generamos la hormona insulina. En la actualidad, las personas sufren de hiperinsulinemia y deficiencia de la hormona de crecimiento, lo que nos lleva a concluir que es necesario y aconsejable aplicar un ayuno intermitente acompañado de una alimentación cetogénica.

Actualmente existen varias modalidades de ayuno intermitente, pero mencionaremos las tres más importantes, recordando que no es una regla a aplicar y que cada uno puede aplicarla de acuerdo a sus propios requerimientos y a las recomendaciones del especialista. Las categorías de ayuno intermitente que hemos resumido entre tantas modalidades de ayuno que existen son las siguientes:

AYUNO INTERMITENTE (IF)

Este ayuno voluntario restringe la ingesta de alimentos sólidos durante un período de tiempo de entre 16 y 48 horas. También puede restringir el consumo de alimentos por un período de tiempo de 6-8 horas.

AYUNO PERIÓDICO (PF)

Tipo Buchinger rápido. El método de ayuno de Büchinger consiste en una ingesta limitada de zumos de fruta, así como pequeñas cantidades de caldo de verduras siendo el consumo de energía nutricional de 200 a 400 kcal/día. Con este método también se practica el ejercicio, técnicas de cuerpo y mente, la aplicación de enemas y la toma de sales laxantes.

INTERMEDIO 24/7 AYUNO

Este tipo de ayuno intermitente consiste en tener sólo 4 horas al día para comer, dejando así las otras 20 horas de ayuno; esto podría resumirse en dos comidas e incluso una al día.

Este tipo de ayuno podría ofrecer resultados muy prometedores porque, como hemos visto, es muy difícil ser superado con comida que nos alimente como mucho dos veces al día.

Ahora bien, la aplicación de cualquiera de estos tipos de ayuno conlleva una serie de resultados que han sido catalogados como beneficiosos:

En el ritmo circadiano, un estudio con individuos con sobrepeso comió sólo 10-11 horas al día durante 16 semanas y no sólo pudieron reducir el peso corporal, quemar grasa localizada y manifestarse llenos de energía, sino que, además, hubo mejoras en el sueño, y los beneficios persistieron durante un año.

La pauta de alimentación más común en la sociedad actual consiste en comer tres comidas al día más refrigerios; en estudios realizados en animales y en seres humanos se sugiere que el ayuno intermitente, cuando el período de ayuno se extiende a 16 horas, puede mejorar los indicadores de salud y contrarrestar así los procesos de enfermedad. Se producen cambios en el metabolismo de las grasas y se producen cetonas, así como la estimulación de respuestas de adaptación al estrés celular que previenen y también reparan el daño molecular.

Se han observado mejoras en el efecto antitumoral, mejorando los mecanismos de la autofagia, gracias a estos estudios Yoshinori Ohsumi ha sido galardonado con el Premio Nobel en 2016

El ayuno intermitente y el propio ayuno tiene el potencial de retrasar el envejecimiento, y especialmente el envejecimiento del cerebro, en estudios con animales, se ha demostrado que la restricción calórica diaria, el ayuno intermitente y el ayuno en días alternos, modifica las vías sensoriales de los nutrientes en el cerebro, aumentando la plasticidad sináptica, la neurogénesis y la neuroprotección.

Los pequeños ensayos recientes de ayuno intermitente en pacientes con cáncer o esclerosis múltiple han generado resultados prometedores que proporcionan una sólida base para avanzar en ensayos clínicos más amplios.

¿QUÉ ES LA AUTOFAGIA?

Nuestro organismo requiere períodos de máxima intensidad y períodos de descanso absoluto, y esto lo podemos notar en la luz brillante que recibimos durante el día, donde muchos procesos químicos, fisiológicos y biológicos ocurren en nuestro organismo, y más tarde tenemos un período de descanso, cuando llega la noche, donde también ocurren ciertos procesos, lo mismo ocurre con los cambios de temperatura y lo mismo ocurre con los alimentos, el cuerpo necesita momentos o períodos de alimentación pero también necesita períodos de abstinencia y regeneración. Cuando practicamos el ayuno intermitente, por ejemplo, le damos a nuestro cuerpo esos períodos que necesita.

Cuando practicamos el ayuno intermitente, se produce algo llamado autofagia, que se puede explicar de la siguiente manera: en 1974, Christian de Duve descubrió los lisosomas, y observó que tenían la capacidad de reciclar la chatarra celular, es decir, las mitocondrias disfuncionales, las bacterias e incluso los virus, y los convirtió en nuevas moléculas funcionales.

De esta manera, la célula se alimentaría de sus propias partes dañadas para renovarse, y de ahí el término o expresión "autofagia". Si no viviéramos este importante proceso de autofagia en las células, toda esa chatarra celular se acumularía en nuestro organismo causando finalmente un sinfín de enfermedades y el envejecimiento acelerado del organismo celular.

Cuando practicamos el ayuno, activamos la autofagia, y como consecuencia de esta activación, se consiguen todos los beneficios que se mencionaron anteriormente. Pero la autofagia no se produce

41

instantáneamente aplicando un ayuno intermitente. Más bien es un proceso que ocurrirá gradualmente. Es importante destacar que no es necesario hacer un ayuno muy prolongado para llegar a la autofagia; lo importante es ser constante con la aplicación del ayuno intermitente, por ejemplo.

Puedes empezar a implementar el ayuno de 13 horas en las horas de sueño; puedes jugar con diferentes combinaciones de ayuno intermitente:

Frecuencia elevada: Períodos de 12/12 ó 16/8, lo que significa 12 horas de ayuno y 12 horas de ingesta de alimentos dentro de la dieta cetogénica, o 16 horas de ayuno y 8 horas de ingesta de alimentos dentro de la dieta cetogénica. Este proceso puede aplicarse varios días a la semana o todos los días.

Frecuencia media: Ayuno durante 24 horas, este tipo de ayuno puede realizarse una vez a la semana, cabe señalar que este tipo de práctica se recomienda realizarla bajo supervisión médica y con una preparación previa de nuestro cuerpo, no se recomienda en ningún caso practicar sin información previa.

Baja frecuencia: ayuno o restricción del consumo de alimentos sólidos durante 2-3 días y generalmente practicado una vez al mes; asimismo, este tipo de práctica debe realizarse bajo supervisión médica.

Durante el ayuno se puede consumir agua, vinagre de manzana, café, agua con limón, té, pero la grasa, el aceite de coco y los jugos verdes salen del ayuno, ya que los carbohidratos y la grasa estimulan la insulina.

¿Cómo podemos romper estas horas de ayuno? Una vez que pasamos horas sin comer alimentos sólidos. La autofagia se inhibe por elevaciones de insulina o la presencia de aminoácidos, pero es muy difícil de determinar. Durante el ayuno es aconsejable consumir agua a la que se le puede añadir jugo de limón o naranja, bebidas probióticas, caldo de huesos que proporciona nutrición con la ingesta de pocas calorías. Estas son algunas de las combinaciones de alimentos que recomendamos para romper el ayuno, ya que cuando pasan tantas horas sin ingerir alimentos sólidos no es recomendable que al terminar se empiece a ingerir grandes cantidades de alimentos, sino que se comience con una infusión, un caldo de huesos, agua, y poco a poco se empiecen a ingerir alimentos dentro de la dieta cetogénica.

El ayuno está contraindicado para las mujeres embarazadas, los niños, cualquier persona que tenga alteraciones hormonales, son algunas de las contraindicaciones que debemos tener en cuenta antes de aplicar el ayuno, por lo que insistimos en el hecho de que antes de ayunar se debe consultar con expertos porque cada caso es individual.

CAPÍTULO 7:
BENEFICIOS DEL AYUNO

LAS VENTAJAS DEL AYUNO

Una de las ventajas más obvias del ayuno es la pérdida de peso. En la antigüedad se llamaba desintoxicación del cuerpo a todos los períodos de ayuno en los que la idea era limitar la ingesta de alimentos durante un cierto número de horas para purificar el sistema digestivo. Se creía que, si duraba un tiempo desintoxicándose, nuestro cuerpo eliminaría todas esas toxinas y nos haría parecer más jóvenes. En cierto modo era correcto porque al llevar un estilo de vida saludable, nuestra piel es la primera en reflejarlo.

El correcto seguimiento de esta rutina de alimentación puede ofrecernos una serie de beneficios para la salud e incluso para nuestro rendimiento físico en el día a día. Como se ha mencionado, los resultados de estos beneficios serán aquellos que dependen de nuestra voluntad de mejorar los hábitos alimenticios.

Por eso cuando hacemos un protocolo de alimentos como el ayuno intermitente, debemos hacerlo de manera adecuada porque es inútil ayunar a base de una dieta de alimentos precocidos, basura, fritos y enlatados o cualquier otro alimento de origen no natural, ya que va a ser lo mismo que seguir consumiendo estos alimentos en nuestro día a día, todos los días.

Entre las ventajas del ayuno intermitente que beneficia a nuestro organismo está la siguiente:

- Mejora la sensibilidad de la insulina y la glucosa como sustrato energético:

Como ya se ha mencionado, la insulina es la hormona producida por el páncreas, que es responsable de captar la glucosa como resultado de la ingesta de carbohidratos (que se almacenan en la sangre para ser liberados posteriormente y transportados al punto en que se utilizarán para equilibrar los niveles de glucosa).

Cuando esta hormona se vuelve tan sensible a nuestro cuerpo, hay una mayor quema de grasa acumulada en nuestro cuerpo como resultado de la disminución de glucógeno dentro de nuestro cuerpo en el período de ayuno (especialmente cuando se realiza alguna actividad física). Es por esta razón que nuestro cuerpo es capaz de asimilar de una manera más eficaz la glucosa que proporcionamos en los alimentos de casa.

- Ayuda a perder grasa, mejorar el colesterol y reducir los triglicéridos.

Como hemos mencionado antes, una de las principales razones por las que mucha gente viene a esta dieta buscando una forma de quemar grasa y también mejorar el colesterol y reducir los triglicéridos.

Muchos estudios afirman que la actividad física y el ayuno intermitente pueden lograr una mayor pérdida de grasa, mejorando a su vez el sistema corporal.

- Aumenta la SIRT3, la proteína de la juventud, y reduce la mortalidad.

Cuando nuestro cuerpo está en estado de ayuno, nuestro cuerpo realiza una serie de procesos que favorecen la hormona del crecimiento y la proteína de la juventud. Esta hormona dificulta el consumo de glucosa en nuestro cuerpo, y por eso se ve obligado a recurrir a la reserva de grasa acumulada para obtener energía.

- Ayuda a reducir el crecimiento de las células cancerígenas.

El ayuno se considera una forma de reducir la posibilidad de cáncer porque cuando no hay glucosa, todas esas células sanas comienzan automáticamente a quemar grasa, dejando así las células cancerosas sin energía y oxidadas para matarlas completamente.

También reduce los niveles de IGF-1, una hormona vinculada a la insulina, que se considera un motor de proliferación celular considerado necesario en el momento de la actividad física. Sin embargo, su nivel puede ser peligroso cuando una persona ya ha desarrollado cáncer.

- Ayuda a reducir la mortalidad por problemas de obesidad.

Se ha demostrado que el ayuno intermitente puede ser un buen método de prevención de enfermedades (que es preventivo a largo plazo). Aunque se sabe que padecer obesidad aumenta el alcance de todo tipo de enfermedades (cardíacas, glucémicas y muchas otras) que pueden ser mortales, la correcta observancia de un ayuno puede reducir considerablemente (o en su totalidad) las concentraciones de triacilglicerol, el aumento del nivel de colesterol y glucosa e incluso puede reducir la posibilidad de desarrollar enfermedades como la de Alzheimer.

Además, entre las ventajas que nos favorecen, destacan los siguientes factores:

- Reduce la inflamación.
- Nos ayuda a mejorar nuestra capacidad de autocontrol frente a la ansiedad y la falta de control de los alimentos.
- Tiene efectos positivos en el sistema neuronal.
- Favorece la autofagia; el organismo activa los mecanismos de reciclaje internos.

Muchas investigaciones han demostrado que la mayoría de las personas prefieren seguir un régimen de ayuno intermitente en sus hábitos alimentarios a largo plazo para seguir una dieta que genera ansiedad en cuanto a la restricción de alimentos.

Estas investigaciones también muestran que reducir sólo la ingesta de calorías en su dieta diaria facilita mucho más la preparación de sus alimentos; se han dado casos de personas que solían consumir infinitas calorías y con sólo reducir unas pocas han logrado mejorar sus hábitos sin sentir la ausencia de su cambio de dieta e incluso logrando una pérdida masiva de peso o un exceso de grasa.

¿Cómo afecta el ayuno intermitente a nuestro cuerpo?

El ayuno intermitente, además de restringir la ingesta de calorías, beneficia a las hormonas del cuerpo para recurrir a la grasa acumulada. Además, el ayuno favorece en gran medida la regeneración de las células dañadas de nuestro cuerpo.

En cuanto a la sensibilidad de la insulina, es capaz de ayudar a todas (o a la mayoría) de las personas que sufren problemas de sobrepeso a quemar grasa de forma más rápida y eficaz. Además, al mismo tiempo que se quema grasa, se genera músculo y por eso este tipo de dieta es más utilizada por culturistas y atletas.

¿Se recomienda el ayuno intermitente a cualquier persona que practique actividad física?

Como hemos estado hablando, no hay una rutina de entrenamiento o dieta específica porque el cuerpo de cada persona asimila las cosas de manera diferente. Lo que debemos tener en cuenta es que cuando se hace un entrenamiento muy intenso (ya sea ciclismo, natación o correr un maratón) es necesario consumir algo que nos dé un buen rendimiento y, en este caso, un ayuno no sería ideal para este tipo de situaciones.

Lo mismo podría aplicarse a las personas que no realizan actividades físicas de alto rendimiento sino actividades físicas suaves, pero que lo hacen en condiciones climáticas de temperatura y humedad elevadas, ya que el cuerpo necesitará el consumo de más energía para adaptarse a la situación en la que se encuentra y no tendrá suficientes nutrientes.

Por esta razón, en el momento de realizar un ayuno intermitente, es necesario tener en cuenta el nivel de exigencia, las condiciones a las que estamos expuestos y la duración de nuestro entrenamiento. Además, debemos tener siempre en cuenta el tiempo que ha transcurrido desde la última comida hasta el comienzo del entrenamiento, asegurándonos de que hemos digerido correctamente nuestra comida.

Seguramente hemos oído que un entrenamiento en ayuno suele ser mucho más recomendable y pensaremos que esto es una contradicción, un entrenamiento en ayuno siempre es bueno para la salud de la persona siempre y cuando la duración de éste sea igual o inferior a una hora, con una intensidad baja (o moderadamente alta). De esta manera, el cuerpo se adapta lentamente para trabajar en condiciones de bajo nivel de glucógeno.

No se recomienda el ayuno cuando se hace ejercicio a todas las personas que han sufrido algún tipo de trastorno alimentario (como la anorexia o la bulimia), a las personas con diabetes o hipoglucemia, ya que puede ser perjudicial para su cuerpo.

Es muy común pensar que este método de ayuno intermitente es algo nuevo que se ha utilizado en los últimos años, si bien es cierto que ha sido un método que ha ganado popularidad en los últimos años, de hecho, este método de alimentación proviene de tiempos primitivos porque no tenían opción de acceder a los alimentos y tenían que salir a buscarlos.

De la misma manera, siempre será aconsejable que cada persona evalúe qué método puede resultar de este protocolo y, de esta manera, observe cómo influye en su día de trabajo o ejercicio diario. De esta manera, se comprueba lo que su cuerpo necesita y si es capaz de manejarlo.

CAPÍTULO 8: AYUNO PARA LA PÉRDIDA DE PESO

Ya tenemos conocimiento previo de lo que significa el ayuno. Sabemos lo que significa abstenerse de comer, beber o ambas cosas, durante un período de tiempo elegido por el practicante del ayuno.

El ayuno es un proceso que se ha practicado durante muchos años, desde nuestros antepasados y en diferentes culturas, de hecho, hay poblaciones que practican el ayuno y son poblaciones duraderas, que practican el ayuno, el ejercicio y la buena comida. Pero el ayuno hoy en día también se utiliza ampliamente para perder peso. Sin embargo, más que una herramienta para perder peso, es un estilo de vida para mejorar la salud, como hemos visto en casos anteriores.

Aplicar el ayuno en nuestro organismo para adelgazar ayuda a eliminar la grasa acumulada del cuerpo y a perder peso, de la misma manera ayuda a aprovechar la energía que se utiliza para la digestión en otros procesos del organismo, para poder así dar un descanso a algunos de nuestros órganos. El ayuno sirve para limpiar y desintoxicar el cuerpo. Siempre es aconsejable buscar la ayuda de especialistas antes de aplicar el ayuno porque, cuando se aplica incorrectamente, también puede tener consecuencias perjudiciales para nuestro cuerpo, por lo que es importante no sólo investigar sino conocer nuestro cuerpo y dejarse guiar por un especialista al comienzo de este proceso tan beneficioso.

Con el fin de perder peso, se han implementado varios tipos de ayuno:

Hay ayunos que se aplican durante un largo período, y este ayuno puede durar varias semanas o incluso meses, dependiendo de los resultados deseados y las condiciones fisiológicas de cada organismo. En esta etapa se eliminan todos los carbohidratos y calorías y lo que se consume principalmente es sólo líquido. El objetivo principal de este ayuno es alcanzar rápidamente los niveles de cetosis en nuestro cuerpo. Pero debemos compensar esta falta de alimentos con suplementos, minerales guiados por especialistas, dependiendo exclusivamente de las condiciones y requerimientos particulares de cada persona.

El ayuno con jugos es un tipo de ayuno en el que el alimento principal son los jugos de fruta. Hay varios protocolos de ayuno como este que se aplican para enfermedades específicas como el cáncer, una terapia muy conocida y aplicada para la curación y la desintoxicación es la "terapia Gerson". En este tipo de ayuno, se deben incorporar todos los nutrientes necesarios para nuestro cuerpo. Al mismo tiempo, ayuda al cuerpo a mejorar la digestión, y esto se logra en este caso no consumiendo ningún alimento sólido.

El ayuno alternativo es muy a menudo utilizado por los expertos para la pérdida de peso y la quema de grasa, en este caso, se puede llegar a tener un día completo sin comer alimentos y alternar con días normales en los que se consumen alimentos de forma restringida o controlada siguiendo la dieta cetogénica de forma natural. Es rápido, y al igual que los mencionados anteriormente, debe ser prescrito por expertos. Debemos tener los conocimientos no sólo para seguirlos y apegarnos a ellos sino para obtener los resultados esperados porque si no se aplican correctamente, también pueden traer consecuencias a nuestra salud.

El ayuno periódico, que difiere del ayuno intermitente en que este tipo de ayuno se aplica durante cierto tiempo, pero hay más días de alimentación normal o en los que se permiten alimentos sólidos, en este caso, el ayuno puede hacerse en un día específico, podría ser un día específico de la semana, por ejemplo, y el resto de la semana la persona tiene permiso para consumir los alimentos permitidos dentro de la dieta cetogénica.

El ayuno intermitente es actualmente el más conocido y aplicado por todas o la mayoría de las personas que aplican la dieta cetogénica en la que van a consumir alimentos durante un período de tiempo determinado, y luego pasan otro período sin comer o consumir líquidos que no rompen con el ayuno aplicado, por ejemplo, se puede ayunar durante 16 horas, logrando dejar de comer alimentos durante ese período y después de ello consumir alimentos dentro de la dieta cetogénica, también y siguiendo los mismos pasos se puede ayunar durante 18 y 20 horas, todo dependerá siempre de su propósito, su preparación, y su cuerpo principalmente.

El ayuno como ya se ha mencionado, debe aplicarse con absoluto conocimiento de lo que queremos lograr y de las condiciones previas en las que nuestro cuerpo debe llevarlo a cabo, en el caso de la pérdida de peso, el objetivo principal es lograr la cetosis y así comenzar a perder esa grasa localizada sin tener pérdida de masa muscular, también debemos tener conocimiento de cómo romper el ayuno, y este paso debe hacerse gradualmente, es decir, Para romper el ayuno deben consumir lentamente los alimentos, es aconsejable comenzar con un caldo de huesos por ejemplo, y es que con la práctica del ayuno también puedes determinar cuáles son los posibles alimentos que te producen inflamación, ya que después de tener un período de tiempo sin consumir alimentos y comenzar a ingerirlos gradualmente, puedes determinar si alguno de ellos te produce molestias, por ejemplo, o inflamación en tu organismo.

Ya sea para la pérdida de peso o para cualquier otro propósito, es necesario recordar que debemos romper el ayuno con una dieta equilibrada y dentro de la dieta cetogénica porque de lo contrario, todo lo logrado con el ayuno se perdería.

Cuando aplicamos el ayuno en cualquiera de los casos explicados anteriormente, una de las primeras cosas que ocurre es que los niveles de azúcar e insulina en la sangre disminuyen, se observa que aumenta la respuesta del cuerpo a la insulina, que es la hormona que regula los niveles de azúcar en la sangre, por lo tanto, al regular estos niveles se comienza a quemar esa grasa localizada que todos queremos eliminar de nuestro cuerpo.

El ayuno también aumenta la producción de la hormona del crecimiento, la adrenalina y el glucagón, que son responsables de activar el mecanismo de la lipólisis, que es la combustión de las grasas, ayudando así a eliminar la grasa del cuerpo mientras se preservan los músculos. Es un tipo de alimento en el que no hay hambre, y se obtienen excelentes resultados.

Después de dos o tres semanas de limitar la ingesta de carbohidratos a menos de 50 gramos por día y aplicar el ayuno se empieza a observar cómo bajan los niveles de azúcar en la sangre, es aconsejable consumir también sal en las comidas para prevenir algunos de los efectos secundarios. Cuando se realiza el ayuno hay períodos de keto-adaptación que se logra generalmente entre dos y cuatro semanas, hay estudios que clasifican la keto-adaptación en tres fases, la fase corta de adaptación que se logra de 7 a 14 días, la fase media que se logra de 14 a 35 días de ayuno, y la fase larga de adaptación que se logra de 2 a 12 meses. En el proceso de ceto-adaptación, lo que se puede observar es una disminución considerable de los síntomas causados por la restricción de carbohidratos, cuando se lleva a cabo un proceso de ceto-adaptación, el cuerpo se siente más enérgico, el cuerpo ya está desintoxicado, y se empiezan a notar los cambios y beneficios en nuestro cuerpo.

El ayuno tiene la particularidad de que se puede elegir de manera abierta, es decir, que ustedes mismos pueden elegir qué tipo de ayuno elegir, qué tipo de alimentos deben consumir y cuándo deben consumir, esto hace que sea un método para perder peso bastante flexible, y, de hecho, al poder aplicarse de esta manera y no ser una dieta estricta se ha logrado que cada vez más personas lo apliquen con éxito.

Es un buen método para lograr el adelgazamiento y aumentar la quema de grasa y es que cuando el cuerpo llega a la cetosis, el cuerpo es responsable de tomar la grasa acumulada de nuestro cuerpo y así quemar la grasa que hemos acumulado. En el caso del entrenamiento realizado en un ayuno, hay opiniones que sugieren que es bueno hacer ejercicio en un ayuno porque en un ayuno el cuerpo tiene menos cantidades de glucosa y de esta manera utiliza la grasa para adquirir la energía que demanda el ejercicio, de hecho, hay estudios que han demostrado que el ejercicio en un ayuno quema más grasa que hacerlo después de comer. Aunque el ejercicio en ayunas es bueno, también se recomienda no hacer ejercicios de alta intensidad. Una vez más se recomienda que estas prácticas sean realizadas de manera controlada por personas capacitadas. No todo el mundo puede aplicar el ayuno, no todo el mundo puede ejercitar el ayuno, es necesario evaluar cuidadosamente las capacidades individuales de cada persona para aplicar estos protocolos, lo que es cierto es que se han observado grandes beneficios al aplicarlos y que en el caso de la pérdida de peso los resultados han sido bastante alentadores, además, todos estos métodos para perder peso dependen principalmente de la perseverancia y la planificación para realizarlos, es necesario y recomendable consumir suplementos, vitaminas, minerales, electrolitos, en conjunto con la aplicación del ayuno y las dietas cetogénicas.

CAPÍTULO 9: ALIMENTOS INCLUIDOS EN EL AYUNO INTERMITENTE

Para saber qué tipos o qué alimentos están incluidos o permitidos en el ayuno, debemos saber qué tipo de ayuno vamos a realizar. Sin embargo, los alimentos no cambian mucho según el ayuno de nuestra preferencia. Por lo tanto, les daremos un ejemplo de los alimentos incluidos en el ayuno de 16/8

¿En qué se basa el ayuno intermitente de 16/8?

Este tipo de ayuno intermitente es muy simple y sólo consiste en dividir nuestro "plan de alimentación" del día en dos, de las cuales 8 horas serán las que nos permitan comer, y 16 horas serán las horas en las que nuestro cuerpo estará en ayunas.

Normalmente, estas 16 horas de ayuno incluyen las horas de sueño, por lo que es más fácil hacerlo sin ser plenamente consciente del tiempo que pasamos en ayunas.

Podemos presentar un caso muy simple describiendo el estilo de vida de una persona que lleva esta dieta, esta persona en su dieta intermitente 16/8 se levanta a las 8:00 AM para hacer su actividad física como cardio durante 45 minutos, luego hace su primera comida a las 12:00 PM (a partir de aquí comienza las 8 horas) hasta las 8 pm, cuando cena y después de dos horas se va a dormir. Si contamos sus horas nocturnas, podemos ver que esta persona es capaz de tomar un ayuno ligero que no se refleja de manera tan pesada.

Una de las grandes ventajas de esta dieta es la facilidad de adaptarla a nuestro estilo de vida, así no nos complica tanto la tarea de poder mantener una dieta adecuada.

¿Cómo puedo organizar mis horarios de ayuno intermitente?

Como haremos nuestro acercamiento al método 16/8 de la dieta intermitente, propondremos una serie de horarios con los que nos podremos gobernar inicialmente, pero estos siempre dependerán de nuestra agenda y capacidad para cumplirlos.

Tendremos como primera opción la más utilizada: Esta dieta de 8 horas comienza a partir de las 10:00 de la mañana y termina a las 6:00 pm, entrando en un período de ayuno de 6:00pm a 10: 00 am, teniendo así nuestras 16 horas de ayuno.

Como segunda opción, tendremos lo explicado anteriormente donde la primera comida comienza a las 12:00 pm, teniendo como última cena a las 8:00 pm.

Como tercera opción, tenemos el caso en el que la primera comida es a la 1:00 pm, siendo la última comida a las 9:00 pm.

¿Puede el ayuno causar ataques de hambre?

Muchas veces el factor de miedo de las personas cuando ayunan es el miedo a "pasar hambre", lo que genera una ansiedad tan fuerte que podrían terminar comiendo aún peor de lo que deberían.

Bueno, esto es un mito, porque en el momento en que llega cada comida aprendemos a disfrutar más y podemos incluso sentirnos satisfechos con cada bocado sin tener que superarnos.

Sin embargo, para evitar tener esos antojos durante las horas de ayuno, es esencial que cada comida contenga alimentos nutritivos para que podamos tener esa sensación de estar satisfechos. En caso de que lleguemos a presentar un episodio de ansiedad o antojo lo más aconsejable es beber un vaso de agua o alternativamente un caldo de verduras para calmar un poco, llegará el momento en que nos acostumbremos e incluso puede favorecernos en complementar nuestros platos de comida.

¿El café rompe el estado de ayuno?

- Hasta ahora, no se han encontrado datos que confirmen que tomar café nos saque del estado de ayuno. Incluso muchos expertos incluyen el café en la dieta o en el régimen de ayuno (siempre y cuando se trate de café solo, sin ningún tipo de "topping" o azúcar)

Sin embargo, hay casos de personas que prefieren evitar el café y recurrir a opciones como los caldos caseros de verduras, agua y sal, goma de mascar sin azúcar, e incluso beber mucha agua. Todo esto es aceptable siempre y cuando evitemos los refrescos (con o sin azúcar) y los zumos envasados.

¿Puedo comer algo una vez que mis horas de ayuno hayan terminado?

Una vez terminadas las horas de ayuno, lo ideal es comer (y beber) de la forma más saludable posible, ya que es inútil ayunar si no se come bien.

En el caso del ayuno, se recomienda seguir el modelo de platos de Harvard. ¿Qué es esto?

Esta es sólo una forma de servir nuestra comida. Será de la siguiente manera: La parte principal de nuestro plato (que contendrá la mitad) serán las verduras; un cuarto serán los carbohidratos, el otro cuarto serán las carnes (rojas o blancas como el pescado, el pollo) o las legumbres.

Con esto, buscamos que los alimentos más pesados sean las verduras y los carbohidratos, y que las proteínas sean las compañeras de nuestras comidas.

Además, si queremos un postre, recomendamos fruta, ensalada de frutas o yogur, evitando siempre esos bocadillos rápidos que no son de origen natural.

¿Qué alimentos se recomiendan para las horas de alimentación permitidas?

En realidad, no existe una dieta por la cual debamos regularnos de manera obligatoria ya que se considera que con el ayuno estamos quemando las calorías necesarias. Sin embargo, siempre es bueno mantener una dieta correctamente equilibrada para que estas calorías perdidas puedan ser notadas a largo plazo en nuestro cuerpo.

Se recomienda sobre todo el consumo de alimentos frescos como verduras y frutas. De esta manera, estamos empezando con un mejor estilo de vida a través de la comida. Las cantidades de proteína e incluso los mismos alimentos frescos deben ser proporcionados por un nutricionista ya que nos ayudará a mejorar ciertos aspectos en base a lo que nuestro cuerpo necesita.

¿Cuántas comidas por día?

Por lo general, al hacer este tipo de dieta, se hacen 2 o 3 comidas principales, e incluso en algunos casos, hay personas que hacen un pequeño tentempié (siempre y cuando sea dentro de las horas en que se permite la ingesta de alimentos).

- Si una persona suele despertarse tarde, puede empezar el día con el almuerzo, tomar un mini tentempié a media tarde y finalmente cerrar con la cena.

Hay otros casos de personas madrugadoras que empiezan el día con un desayuno completo, un almuerzo y una cena/bocadillo.

A continuación, vamos a ver un ejemplo de un menú que podría servirnos de base para adaptar nuestro menú, según nuestras necesidades:

Ayuno intermedio 16/8: Opción de la mañana

Si usted es una de esas personas que comienza su día muy temprano, necesitará suficiente energía para realizar sus tareas diarias, por lo que esta es la opción que mejor le puede convenir.

En esta opción, podrá comer comida sólo de 10:00 am a 6:pm (18:00h), el resto del tiempo nuestro cuerpo estará en estado de ayuno:

- 7:00 am Empieza el día con té, café, infusión o agua.
- 10:00 am Primera comida, desayuno completo.
- 2:00 pm (14:00 hrs): Almuerzo
- 6:00pm (18:00 hrs): Merienda o cena
- 8:00 pm (20:00 hrs): En caso de ansiedad, hambre o antojos, puedes preparar un caldo de verduras o un té.

Si usted es una de esas personas a las que les gusta dormir y empiezan el día un poco más tarde de lo habitual, debe estar muy atento a cuáles son sus horarios de comida y poder cumplir con todo a la hora, por lo que esta es la opción que mejor le puede convenir.

En esta opción podrá comer sólo de 12:00 a 20:00h, el resto del tiempo nuestro cuerpo estará en estado de ayuno:

- 9:00 am Empieza el día con té, café, infusión o agua.
- 12:00 am Primera comida; debe ser un almuerzo completo para poder aportar todas las energías necesarias.
- 3:00 pm (14:00 hrs): merienda
- 6:00pm (18:00 hrs): cena
- 8:00 pm (20:00 hrs): En caso de ansiedad, hambre o antojos, puedes preparar un caldo de verduras o un té.

¿CUÁNTO TIEMPO SE RECOMIENDA CONTINUAR CON LA RUTINA DE AYUNO INTERMITENTE?

Lo más recomendable es seguir este régimen hasta obtener los cambios que buscamos obtener en nuestro organismo y cuerpo. Sin embargo, no debemos olvidar que también para obtener estos resultados tenemos que hacer ejercicio constantemente.

Del mismo modo, no está totalmente prohibido que nos demos un placer (postre, pizza, hamburguesa, soda, etc.) de vez en cuando.

No podemos olvidar un complemento importante. Hacer algo de actividad física:

Para lograr el peso deseado (e incluso la resistencia física) es muy importante hacer ejercicio al menos 3 veces por semana, así los efectos del ayuno serán más notorios.

Si queremos hacer actividad física durante las 16 horas de ayuno, sólo podemos hacer lo siguiente:

• Agua
• Té
• Infusiones
• Café (sin azúcar)
• Caldo de verduras (preferiblemente desmenuzado)

Si está muy ansioso, puede calmar su ansiedad con un chicle sin azúcar.

Estas bebidas están bien siempre y cuando no contengan azúcar, edulcorantes, vegetales, leche o cualquier otra cosa que pueda contener calorías.

Por lo tanto, cuando se ayuna, no hay alimentos prohibidos o una lista de alimentos permitidos, pero la comida que se come después del ayuno significará mucho para obtener los resultados que se buscan. Para obtener los mejores resultados, se recomienda encarecidamente comer usando la dieta keto después del ayuno. Discutiremos cómo se relacionan estos dos métodos en el siguiente capítulo.

CAPÍTULO 10: AYUNO INTERMITENTE Y DIETA KETO

La dieta cetogénica, como hemos apreciado en capítulos anteriores, tiene un gran número de beneficios para el organismo. Es un método de alimentación muy popular hoy en día y en el que el propósito fundamental para el que se utiliza es perder peso.

Como ya sabemos con la dieta baja en carbohidratos, sin consumir azúcar procesada y otras condiciones que conlleven el plan de alimentación de la keto, se pueden alcanzar diferentes niveles de cetosis, que finalmente, para las personas que lo hacen de manera adecuada y disciplinada, es lo que esperan alcanzar.

A esto se añade el ayuno intermitente, que es un complemento de la dieta keto porque se ha demostrado que las personas que la aplican juntas alcanzan la cetosis más rápido.

Ahora bien, algunas personas han logrado confundir este plan con el hecho de pasar hambre, y de hecho no es recomendable que esto suceda, para alcanzar los niveles de cetosis no es necesario pasar hambre o consumir los ya conocidos "antojos de keto", lo fundamental es evitar los alimentos ricos en carbohidratos como los cereales, azúcares, legumbres, arroz, papas, dulces, por supuesto, jugos y la mayoría de las frutas.

La dieta cetogénica estándar es un plan de alimentación que se caracteriza por ser muy baja en carbohidratos, con una ingesta moderada de proteínas y alta en grasas. Normalmente contiene un 75% de grasa, 20% de proteína y sólo un 5% de carbohidratos. Como ya sabemos si se cumplen todos estos requisitos se pueden reducir los niveles de azúcar en la sangre y también los niveles de insulina, y de esta forma se producirá una transición en el metabolismo del cuerpo en la que los carbohidratos serán sustituidos como fuente de energía para el cuerpo por grasas y cetonas, alcanzando así el objetivo principal que es la "cetosis". Cuando los niveles de insulina disminuyen, se producen cetonas, y esto se puede notar en la segunda, tercera o cuarta semana. Este período se conoce como Keto-adaptación (KA). El cuerpo se vuelve dependiente del azúcar como principal combustible (glucógeno) para depender principalmente de la grasa y para ello hay que superar la fase de keto-adaptación.

Cuando finalmente cambiemos nuestro combustible principal vamos a tener un combustible ilimitado para la grasa al que las personas con otros tipos de dieta no tienen acceso, y, por otro lado, vamos a tener glucógeno como combustible secundario, Y así es como nuestro cuerpo debe funcionar realmente, porque somos capaces de almacenar 2000kcal de glucógeno, pero más de 1.000.000 kcal de grasa de forma segura para que podamos almacenar energía para nosotros mismos.

Para una persona que debe consumir 2000 kcal diarias se logra con la dieta keto de la siguiente manera:

70-80%, que equivalen a 1400-1600 kcal de grasa, 15-25%, que corresponden a 300-500 kcal de proteína, 5% de carbohidratos, que corresponden a aproximadamente 100 kcal. Más o menos, estaríamos hablando de 150-170 gramos de grasa por día, 75-125 gramos de proteína por día, y 25 gramos de carbohidratos por día aproximadamente.

Pero todas estas cantidades son fáciles de conseguir si comemos de forma natural, si conseguimos que nuestras comidas se basen principalmente en carne, pescado, especialmente pescado azul, huevo, queso, nata, todo tipo de verduras y esto abre una gran ventana de comida, setas, frutos secos, semillas, aceite de MCT, aceite de coco, aceite de oliva preferiblemente virgen extra, mantequilla o ghee, frutas como aguacate, coco, bayas, fresas, arándanos, moras,... Básicamente, comer alimentos no procesados y orgánicos procesados de preferencia natural, pero cada uno de nosotros podrá estructurar su plan de alimentación de la manera que considere más apropiada.

Dentro de la cetosis, tenemos el término conocido como "cetosis nutricional", que no es otra cosa que el consumo de alimentos que no dependen de la grasa o la proteína, para alcanzar el estado metabólico llamado cetosis, simplemente debemos eliminar completa y absolutamente el azúcar, el trigo y sus derivados y bajar a su mínima expresión los carbohidratos simples, y eliminar en su totalidad los carbohidratos complejos, que se conocen comúnmente como alimentos procesados, pan, pasta, hamburguesa, etc.

De esta manera lo que va a pasar es que en tu organismo se van a agotar las reservas de glucosa, y los cuerpos cetogénicos van a empezar a alimentarse, a buscar energías de esa grasa acumulada en tu cuerpo que tanto queremos eliminar y es ahí donde empiezas a sentir el estado cetogénico o cetosis. De hecho, un alto quemador de grasa de forma natural es el ayuno intermitente practicado de forma responsable y supervisada. Si se aplica correctamente, no es necesario el consumo de los quemadores artificiales que encontramos en los diferentes mercados nacionales e internacionales, por lo que sólo es cuestión de organización y disciplina, y comenzarás a experimentar todos los cambios en tu cuerpo y en tu salud. Una forma exacta de determinar si ya estás en cetosis es con un simple análisis de sangre, actualmente de la misma forma que existen en el mercado dispositivos que tienen la capacidad de medir los niveles de azúcar en la sangre, también existen varias marcas que pueden medir los niveles de cetonas en tu cuerpo, para que puedas adquirir cualquiera de ellas y así llevar un registro y saber cuándo has alcanzado el nivel óptimo de cetosis.

Sin embargo, cuando se deja de consumir azúcar y carbohidratos, se inicia principalmente un proceso de desintoxicación, ya que el cuerpo comienza a eliminar toda esa cantidad de antinutrientes que durante tanto tiempo se han permitido en el cuerpo y que también han dañado el entorno celular. Cuando este proceso de desintoxicación comienza, usted sufrirá una serie de síntomas desagradables conocidos como "síndrome de abstinencia", en este caso, usted comenzará a experimentar los siguientes síntomas:

* Dificultades para dormir.
* Apatía y desgana.
* Síntomas de depresión.
* Actitud irritable.
* Alteraciones del apetito.
* El letargo.
* Ansiedad.
* Sed.

Todos estos síntomas mencionados se deben a que tu cuerpo comienza a sufrir el "síndrome de abstinencia" porque has restringido tu cuerpo de carbohidratos y azúcares, pero antes de la aparición de estos síntomas tenemos algunas recomendaciones que puedes hacer cuando te sientas así:

* Bebe mucha agua,
* Se recomienda beber vinagre de manzana, preparado de la siguiente manera, diluir una cucharada de vinagre en 4 onzas de agua cada mañana en ayunas.
* Y la recomendación más importante es comer bien, no es necesario como se ha recomendado anteriormente para pasar hambre. Ya que una vez que esta etapa termine, todo será más fácil.

Lo importante es comer dentro de los requisitos permitidos, pero sin pasar hambre, de hecho, notará que una vez que su cuerpo finalmente se haya desintoxicado y limpiado, su cuerpo comienza a cambiar y comienza a aprender a escuchar a su cuerpo, y esto significa que cuando usted come un alimento que es dañino o altera su ambiente celular, le indicará con malestar que no debe comer ese alimento. Además, tendrás una mejor absorción de nutrientes porque tu sistema digestivo mejora, siendo uno de los beneficios más importantes de esta dieta ya que el intestino es considerado actualmente como el segundo cerebro.

Ahora bien, en cuanto al ayuno, ya conocemos todos los beneficios que conlleva su aplicación, y lo más importante es que es un potencial quemador de grasa para nuestro cuerpo, ayuda a reducir la celulitis, entre otros grandes beneficios que ya conocemos. Pero el ayuno significa no comer y el ayuno intermitente significa no comer por un período de tiempo. Puede ser diario, semanal o mensual, según se desee aplicarlo.

¿Qué romperá tu ayuno? La comida. El ayuno promoverá la autofagia o el proceso de reciclaje de los componentes celulares dañados, y los grandes beneficios del ayuno están directamente relacionados con la autofagia. Pero este proceso ocurre gradualmente y dependerá de nuestro organismo en particular. Dependerá de cada tejido, ya sean neuronas, hígado, músculo, sistema inmunológico, intestinos, y sí, de todo el cuerpo en general.

Hay estudios que relacionan el ejercicio, la dieta y el ayuno con la autofagia. Todo este proceso lleva tiempo; los cambios no van a ocurrir de la noche a la mañana. Primero, el cuerpo debe pasar por un proceso de adaptación.

En la autofagia, la célula necesita energía, y con la aplicación del ayuno y en ausencia de alimentos exógenos, comienza la destrucción del contenido interno dañado, y comienza la autofagia. En este caso, las células devorarán o consumirán partes de sí mismas para eliminar virus, bacterias y todos los daños causados por el envejecimiento celular y al mismo tiempo, obtener combustible para mejorar sus procesos.

Este proceso es fundamental para el organismo porque si no se lleva a cabo, dará lugar a procesos inflamatorios, enfermedades infecciosas, Alzheimer, Parkinson y cáncer. La autofagia lograda o estimulada a través del ayuno es una forma inteligente para que el organismo se desintoxique de forma natural ya que las propias células saben lo que necesitan y lo que no necesitan para su crecimiento y evolución. El ayuno intermitente elimina las toxinas, estimula el sistema inmunológico, regula la inflamación y promueve la longevidad.

Generalmente, el ayuno intermitente que se realiza es de 16-8, este método 16/8 se conoce como método "Leangains", con esta modalidad se consumirá comida durante 8 horas, y se ayunará durante 16 horas. Si se desea, se puede incluir dentro de las 16 horas de ayuno el período de sueño, para que sea más fácil y llevadero este período de ayuno intermitente. Si lo aplica de esta manera lo más común es alargar el desayuno al mediodía o lo que sería el almuerzo, y finalmente su segunda comida del día corresponde a la cena, en la noche antes de las 8 pm. Esta es una forma fácil de aplicar el ayuno intermitente diario acompañado de la dieta keto, y si puedes también si puedes añadir ejercicio, te encantarán los resultados finales.

Y es que el ayuno intermitente es más que una simple restricción de calorías, también produce alteraciones en las hormonas de nuestro cuerpo para que puedan aprovechar mejor sus reservas de grasa. Al bajar los niveles de insulina se produce una mejor quema de grasa. La secreción de la hormona de crecimiento aumenta y, por lo tanto, acelera la síntesis de proteínas y el uso de la grasa disponible como fuente de energía. Así que eso no es sólo quemar grasa, sino que también está construyendo masa muscular más rápidamente como si se consumiera como lo hacen los atletas. Qué maravillosa noticia, ¿no? todo lo que tu cuerpo es capaz de hacer de forma natural si te tomas el tiempo para comer adecuadamente.

Ahora, ¿cómo deberíamos romper con ese ayuno?, o ¿cómo tendremos un desayuno?, y es que una de las formas clásicas de romper el ayuno es con el famoso "caldo de huesos", preferiblemente casero, pero una hora antes de romper el ayuno se recomienda beber un vaso de agua con gas; puede ser con canela o vinagre de manzana, sal o limón, esta bebida le ayudará a preparar su estómago las enzimas digestivas que han estado sin alimentos durante 16 horas con sólo agua y café, si usted consume esta bebida es probable que la comida se pueda absorber sin problemas estomacales y absorber todos los nutrientes al máximo. Después de esto, podemos consumir el caldo de huesos, que es un alimento líquido que no forzará a nuestro estómago a trabajar con alimentos pesados, sino más bien de fácil digestión aparte de que el caldo de huesos es rico en grasas, proteínas y vitaminas. Y una hora después se puede comer un plato de comida sólida bajo los requerimientos de la dieta keto, que ya conocen ampliamente, esta es una forma de romper el ayuno de una manera adecuada para su cuerpo, y llegar rápidamente a la cetosis y la autofagia.

CAPÍTULO 11:
BENEFICIOS ESPECÍFICOS PARA SU SALUD

Cuando observamos el funcionamiento normal de los seres humanos, podemos ver que el cuerpo se alimenta de glucosa, que es la molécula que se genera por el consumo de carbohidratos y azúcares, pero un consumo excesivo de los mismos, podría causar daños a nuestra salud, como por ejemplo convertirse en diabéticos, que es una enfermedad que se produce cuando se produce glucosa en exceso, y el cuerpo no es capaz de utilizarlo, teniendo un exceso de glucosa en la sangre, por así decirlo, causando problemas en nuestros órganos, además, un consumo excesivo de carbohidratos puede generar sobrepeso, llevándonos, a la larga, a enfermedades muy graves, como podría ser, la diabetes mencionada anteriormente.

Por lo tanto, podría decirse que esta forma de comer no es la mejor para nuestro cuerpo, ya que el consumo de carbohidratos, ya sea en cantidad normal, los órganos de nuestro cuerpo no siempre interactúan bien con la glucosa, porque al tener altos niveles de ella en nuestro cuerpo, los niveles de insulina también se incrementan, y esto tiene implicaciones directas en el funcionamiento de nuestro cuerpo, de modo que podría incluso alterar nuestro metabolismo.

Por estas razones, logramos alcanzar el estado de cetosis, que es un estado de nuestro cuerpo, en el que, en un estado normal, se produce un gran consumo de grasa, segregando una molécula llamada cetona, siendo ésta la principal fuente de alimento para nuestro cuerpo, o, mejor dicho, es una fuente de energía extremadamente eficiente y buena para nuestro cuerpo, que puede producir efectos secundarios, no necesariamente malos.

Esta función es esencial para la supervivencia personal, ya que gracias a ella, las personas pueden tener una fuente alternativa de energía, ya que en el momento en que nos quedemos sin glucosa, el cuerpo procederá a consumir sus reservas de energía producidas por la cetona, por supuesto, esta reserva de energía no es infinita, ya que la misma puede durar unos pocos días, por lo tanto, este proceso es muy importante para continuar con la función cerebral de manera efectiva, porque el proceso de almacenamiento de la glucosa es muy ineficaz en nuestro cuerpo, por esa razón, preferimos hacer la alimentación cetogénica, porque nuestro cuerpo evolucionó para sobrevivir durante varios días, tal vez incluso semanas, siendo este un caso extremadamente extremo, porque la persona ya está entrenada para hacer esto, no cualquiera es capaz de hacer tal tarea. Por lo tanto, podríamos decir que el proceso de cetosis es responsable de asegurar que el cerebro se alimente adecuadamente, en caso de que no tenga suficiente glucosa para alimentarlo, y lo hace, como explicamos anteriormente, a través de los depósitos de grasa.

Podemos ver que las cetonas interactúan de una mejor manera con nuestros órganos, especialmente con nuestro cerebro, ya que, con esta combinación, los procesos de los mismos se pueden llevar a cabo de una manera más óptima. Y como debemos saber, o al menos intuirlo, el cerebro es el órgano que más energía consume, por lo tanto, para tener una buena relación cetónico-cerebro, podemos decir que nuestro cuerpo es capaz de trabajar mejor que con la glucosa, y no es que nuestro cerebro trabaje con la grasa, no, sino con las moléculas que segregan el hígado, producto de un alto consumo de grasa y un bajo consumo de carbohidratos, por lo tanto, el cerebro procede a trabajar con las cetonas, logrando así un consumo de energía más eficiente, Además, suponemos que ha sufrido episodios en su vida en los que se siente agotado, sin necesidad de haber hecho muchos ejercicios o muchas actividades, una posible razón de esta condición, es que su cuerpo está mal alimentado, porque su cuerpo no está generando mucha glucosa o no la está procesando bien, con esto queremos decir, a tener un alto nivel de glucosa en la sangre, los niveles de insulina se elevan, y la gente siente un cierto cansancio, un ejemplo palpable es que cuando se come un gran plato de pasta, inmediatamente después de sentirse cansado y con sueño, esto se debe a que los niveles de insulina son altos, produciendo un estado de pesadez en el cuerpo, pero en el caso de que se haga o se practique otro tipo de dieta, se sentirá más energía, además, hay personas que, con sólo la dieta cetogénica, han logrado ayunar durante largos períodos de tiempo, sin sentirse faltos de energía, teniendo así un mejor rendimiento de nuestro cuerpo, concluyendo que nuestro cerebro, al ver la oportunidad de alimentarse de las cetonas producidas por el consumo de grasa, se siente más energético, de hecho, hay personas que certifican que cuando cambiaron sus hábitos, empezaron a sentirse más energéticos, y por si esto no fuera suficiente, también se sintieron mejor enfocados mentalmente, por lo que no podemos decir que esta dieta no sólo es responsable de la pérdida de peso sino que beneficia físicamente a nuestro cuerpo.

Pero, vamos a ir paso a paso, por lo que explicaremos poco a poco los beneficios del consumo de una buena dieta cetogénica para nuestro cuerpo, que incluso puede mejorar el estado del corazón de nuestro cuerpo, por esta razón, le invitamos a migrar de la dieta alimenticia, por supuesto, si lo desea, ya que podrá observar de forma rápida la mejora de su salud.

Como ya sabemos, la dieta cetogénica tiene muchos beneficios para las personas que la consumen, pueden ir desde mejorar el estado cerebral de los pacientes, hasta mejorar los problemas respiratorios de las personas, por eso, no sólo son necesarios para perder peso sino también para algunas patologías que se puedan tener y se quieran resolver.

El primer beneficio que nos proporciona, es como bien se sabe, la disminución del peso, este resultado se obtiene gracias a que la dieta keto, se encarga de quemar la grasa y en este proceso de quema se entra en cetosis, llegando así a perder un gran número de kilos, obteniendo una mejor salud en las personas que sufren de obesidad. Al lograr el objetivo de salir del estado de obesidad, se pueden obtener los siguientes beneficios:

- Reduce la posibilidad de muerte, ya que la obesidad es la principal causa de muerte en los Estados Unidos.
- La posibilidad de sufrir enfermedades como cáncer, diabetes, ataques cardíacos, cálculos biliares.
- Muchas personas con sobrepeso sienten mucha depresión debido a la forma de su cuerpo, y cuando salen de ella, estas personas mejoran su salud mental, aumentando así su calidad de vida.
- Hay muchas personas que, debido a su sobrepeso, no duermen muy bien por diferentes razones, pero la razón principal es la apnea del sueño, que es una causa estrechamente relacionada con el sobrepeso, que puede provocar hipertensión arterial o incluso ataques cardíacos.

Como ya podemos ver, la reducción de nuestro peso corporal puede mejorar significativamente nuestra calidad de vida ya que el sobrepeso nos afecta en muchas áreas de la salud, y no sólo lo visual que también es importante, sino que puede afectarnos tanto que puede llevarnos a la muerte.

También podemos encontrar una relación directa entre la dieta cetogénica y la salud del corazón, porque como explicamos anteriormente, este tipo de alimentos, permite una rápida pérdida del índice de grasa corporal, por lo tanto, nos permite perder peso rápidamente, porque quema la grasa en forma exagerada por así decirlo, logrando así una reducción más que considerable de los riesgos cardiovasculares, porque tienen una estrecha relación con la obesidad, ya que si la persona es obesa, entonces tiene más posibilidades de tener una enfermedad cardíaca, unido a esto, ser obeso implica que tiene una presión sanguínea alta, lo que podría causar un ataque cardíaco, que puede ser fulminante o no. Por otro lado, reduce la cantidad de colesterol en nuestro cuerpo, lo que indica que tenemos una gran cantidad de grasa en la sangre, y tener tal condición también puede causar que algunas de nuestras arterias se bloqueen, lo que también puede llevar a un ataque al corazón. Por estos motivos, recomendamos hacer la dieta baja en carbohidratos, con el fin de lograr reducir estas patologías y limpiar nuestro cuerpo de las grasas que se encuentran en nuestra sangre, logrando así una mejor protección de nuestro sistema sanguíneo previniendo así este tipo de enfermedades, de lo contrario, también al practicar la dieta cetogénica, logramos una limpieza celular en nuestra sangre, arrojando toxinas nocivas a nuestro cuerpo, debido al proceso de aumento de la autofagia, que como dijimos anteriormente limpia nuestro cuerpo, y no hay nada mejor que tener el cuerpo limpio, porque teniendo nuestro cuerpo así, podemos empezar a verlo funcionar mejor o mejorar su funcionamiento limpiándonos internamente, ya que nuestro cuerpo funcionará como nuevo, sin ningún impedimento. Pero dicho todo esto, y explicado que esta dieta reduce el colesterol y todo lo anterior, usted puede preguntarse: ¿por qué hacer una dieta alta en grasas y baja en colesterol si se me prohibió el pollo frito, y esto no es más que proteína frita? Bueno, no es que todas las grasas sean buenas, por el contrario, no hay nada más dañino que algunos alimentos fritos, por esa razón no es una muy buena práctica comerlos, pero lo que sí es cierto, es que se pueden consumir muchas grasas, siempre y cuando sean grasas buenas de la naturaleza, como la grasa de aguacate, o la mantequilla de maní natural.

Por si fuera poco, la dieta cetogénica, no sólo ayuda al corazón, sino a una acumulación de otros órganos, otro muy importante, no sabría decir que el más importante del cuerpo, pero si el que más energía consume, como el cerebro, lo primero que podemos decir sobre la relación de la dieta cetogénica con el cerebro, es que en uno de los primeros casos en que se aplicó la dieta keto, fue en un paciente que sufría de epilepsia, lo que indica que el paciente sufría de convulsiones constantes, y al prescribir una dieta baja en carbohidratos, pero más alta en grasas, se pudo observar una mejora considerable. Entonces, podemos decir que se han hecho estudios en personas que sufren de epilepsia, y los resultados concluyen que esta dieta sí les ayuda, pero se recomienda con mayor frecuencia a los niños, ya que es más fácil orientar a un niño que va a comer o no, y además el cerebro del adulto ya está completamente formado. Los resultados son muy positivos, ya que al menos la mitad de los niños a los que se les aplicó la prueba, dejaron de sufrir ataques epilépticos, y otra cantidad, incluso más del cincuenta por ciento, ya que aquí también contamos a los que ya no sufrieron sus ataques epilépticos, pero los que tuvieron su frecuencia de ataques epilépticos se redujeron considerablemente, por lo tanto, no podemos ser cien por ciento concluyentes, diciendo que termina con la epilepsia o algo así, pero hay algo que podemos decir, y es que los resultados son esperanzadores para un futuro brillante, en el campo de la epilepsia. También se puede utilizar la misma dieta para los que sufren de Alzheimer, ya que es una enfermedad degenerativa, que hace que las personas vayan perdiendo poco a poco la memoria, hasta que llega el momento en que no pueden recordar casi nada, complicándose tanto la situación que puede llevar a la muerte de los pacientes con la enfermedad. Podemos decir que los resultados son positivos, es porque en primer lugar, los experimentos realizados en animales, fueron positivos, ya que a los ratones que tenían cierta degeneración cerebral, se les dio alimento cetogénico, y se pudo obtener, primero, que lograron regenerar partes de sus cerebros, y segundo, porque también se ha logrado que el alimento cetogénico logre mejorar las conexiones entre los axones y las dendritas, obteniendo así una mejor comunicación entre las neuronas, obteniendo un cerebro más capaz de realizar cualquier tipo de tareas.

Entonces, lo que podemos decir con esto, es que recomendamos que se alimente usted mismo con comida cetogénica, porque como pudo haber visto, no sólo nos ayuda a reducir nuestro peso, sino que podemos mejorar una gran acumulación de condiciones de salud, mejorando la vida de nuestro corazón, mejorando nuestro sistema respiratorio o incluso reactivando algunas conexiones cerebrales.

Es importante destacar el hecho de que los alimentos utilizados en la dieta keto, como el pescado y otros mariscos, tienen una gran cantidad de omega 3 y otros componentes que se ha demostrado científicamente que tienen efectos positivos en el funcionamiento del cerebro, el rendimiento y la memoria.

CAPÍTULO 12: SUEÑO , ESTRÉS Y MENTALIDAD

¿Alguna vez te has sentido tan estresado que no podías dormir? Muchas veces esas dificultades para dormir o el insomnio se producen naturalmente en respuesta a los niveles de estrés a los que podemos estar sometidos; de hecho, a veces, cuando tenemos problemas para dormir, pueden causar estrés.

Se sabe que nuestra mente tiene un inmenso poder cuando no está calmada, afecta directamente al cuerpo, y puede ser difícil para nosotros calmarnos en este tipo de situaciones.

Desde que somos jóvenes, hemos usado la palabra para decir que estamos estresados, pero ¿qué es realmente el estrés?

Podemos definir el estrés como el conjunto de reacciones fisiológicas que se nos presentan cuando sufrimos un estado de tensión nerviosa causado por diversas situaciones, ya sea ansiedad, exceso de trabajo, situaciones traumáticas a las que hemos estado expuestos.

De esta manera, el estrés está directamente asociado con la angustia emocional y la tensión corporal. Estas cuando aumentan sus niveles de excitación, que alertan al cuerpo para prepararse para enfrentar el posible peligro al que nos sometemos.

DIFERENTES TIPOS DE ESTRÉS

- Estrés común: Son las reacciones naturales que ocurren en nuestro organismo ante ciertas situaciones, que podemos definir como estresantes. Muchas veces estos tipos de estrés son ansiedades sobre algo a lo que vamos a estar sometidos, y esta reacción natural puede ayudarnos a superar tales situaciones.

- Estrés en el lugar de trabajo: Esto sucede cuando las demandas en nuestro ambiente de trabajo son tan grandes que nos hacen colapsar en reacciones emocionales y físicas dañinas a las que nuestra capacidad de resolver un problema no es posible de resolver.
- Estrés patológico: Se produce cuando el estrés que tenemos se presenta de forma intensa durante un período prolongado, lo que podría causarnos problemas psicológicos y físicos, provocando crisis de ansiedad, crisis de llanto, depresión y muchas otras alteraciones físicas que lo convierten en un estrés crónico y constante.
- Estrés postraumático: Es el estrés que se produce después de que una persona ha vivido un evento que le ha afectado significativamente, ya sea un accidente de tráfico o un desastre natural. Como consecuencia de este trauma, la persona a menudo tiene pensamientos que causan terror. Este tipo de estrés se produce a cualquier edad, pero es sobre todo el resultado de experiencias de la infancia.

Muchas veces, la forma en que nos vemos en el mundo puede influir en estas reacciones del cuerpo (al igual que la mente puede traicionarnos y hacer que la situación parezca mucho peor, generando más ansiedad).

Por eso, si nos sentimos estresados o no, tiene una relación directa con la forma en que percibimos las cosas, por ejemplo, imaginemos que tenemos un caso muy común de la vida cotidiana que podría estar llevándonos a niveles muy altos de estrés:

En este caso, tenemos que pagar una factura de servicios domésticos de 100 dólares, y tenemos dos casos:

1. Una persona que tiene 1000 dólares en su cuenta y paga esa cuenta no afecta su presupuesto.

2. Una persona que tiene 60 dólares en su cuenta y paga esa cuenta le costaría un poco porque tendría que cobrar un poco más y dejar de lado cualquier problema extra que afecte a su presupuesto.

En estos casos, podríamos observar cómo una persona encontraría esta situación totalmente normal, mientras que otra persona podría generar una angustia muy grande y percibiría de manera más significativa el problema que se presenta porque su capacidad para evaluar los recursos y enfrentar el problema podría tener un gran impacto en su estado de ánimo.

Si vemos el estrés como una forma de tratar de equilibrar las demandas de la vida y los recursos que tenemos para afrontarlo, tenemos dos opciones:

1. Reducir las demandas que percibimos
2. Buscar formas de aumentar nuestros recursos disponibles.

Es importante destacar que no siempre los recursos se limitan a un valor monetario, nuestros recursos también podrían hacer referencia a cosas cognitivas como mejorar nuestro comportamiento, estilo de vida, una forma de pensar, habilidades para controlar nuestras emociones, tomar el control de alguna situación, tener fe e incluso aspectos físicos como mejorar nuestra resistencia y energía.

Si sentimos que nos enfrentamos a un episodio de estrés, debemos hacernos las siguientes preguntas para encontrar una posible solución inmediata; ¿cuál es el factor que genera el estrés? ¿Cuáles son los recursos que tengo para resolver este problema? ¿Cómo puedo aplicar estos recursos a la solución de mi problema?

Muchas veces nos centramos más en el problema sin tener en cuenta que tenemos la solución en nuestras manos. Por eso, antes de alterarnos, debemos pensar fríamente en el motivo de la situación, y así evitaremos un resultado peor.

EL ESTRÉS EN NUESTRO CUERPO

Nuestro cuerpo reacciona al estrés cuando se liberan las hormonas que lo causan; éstas hacen que nuestro cuerpo esté atento a cualquier problema que pueda ocurrir, esto hace que los músculos de nuestro cuerpo se tensen y por lo tanto aumenten progresivamente nuestro ritmo cardíaco.

Este tipo de reacción podría interpretarse como la forma en que nuestro cuerpo se protege de cualquier peligro que se aproxime y puede incluso ayudarnos a tomar decisiones rápidas en cualquier situación. El problema se produce cuando se produce un estrés crónico, porque nuestro cuerpo se mantendrá alerta ante cualquier evento, incluso si no estamos cerca del peligro, y a largo plazo, podría afectar significativamente a nuestra salud. El estrés crónico puede causarnos:

*   Acné
*   Problemas menstruales
*   La presión arterial alta
*   Insuficiencia cardíaca
*   Depresión o ansiedad
*   Obesidad

Además de afectar directamente a la salud, puede influir en nuestras actividades diarias, o en problemas físicos que no nos damos cuenta que son causados por el estrés. Estos pueden ser:

*   Dolores de cabeza.
*   Falta de energía o concentración.
*   Diarrea.
*   Estreñimiento.
*   Pobre memoria.
*   Problemas para dormir.
*   Problemas sexuales.

- Malestar en el estómago.
- Necesidad de consumir alcohol para sentirse temporalmente distraído.
- Pérdida o aumento de peso

El sueño es uno de los recursos que ayudan a disminuir el estrés de manera considerable, nos ayuda a los procesos cognitivos como la buena memoria, la concentración y la atención, ayuda al buen funcionamiento psicológico y emocional ya que muchas veces cuando una persona no descansa lo suficiente se encuentra de mal humor y de esta manera expresa su mala actitud hacia el mundo.

Dormir adecuadamente nos ayuda a recargar la energía física, mejorar las lesiones e incluso el crecimiento.

El sueño está influenciado por el sistema de relojes del cuerpo y el controlador de los sueños. Estos son los responsables de determinar cuándo descansar y por cuánto tiempo debemos hacerlo o por cuánto tiempo nuestro cuerpo lo necesita.

Si tenemos el correcto funcionamiento de nuestro sistema, el encargado de promover el estado de sueño tendrá poder sobre nuestro sistema de alerta cada noche. A diferencia de si llegamos a tener un nivel de estrés muy alto cuando descansamos, nuestro sistema encargado de promover las alertas de nuestro cuerpo tendrá mayor poder sobre el sistema que promueve el sueño, causando insomnio o dificultades para conciliar el sueño.

Un consejo ideal para reducir los niveles de estrés que podemos presentar cuando nos acostamos a dormir:

Si te sientes demasiado ansioso para poder promover el sueño, puedes salir de la cama, beber un vaso de agua e intentar relajar tu mente.

Planea una hora de relajación antes de ir a la cama: Es importante que antes de acostarse, tengamos una hora para dedicarnos a bañarnos, estirarnos y hasta leer. Estos sencillos ejercicios pueden relajar nuestro cuerpo de cualquier problema que hayamos presentado en el día.

La cama es un lugar de descanso: Es importante evitar cualquier tipo de actividad que genere estrés (tareas, trabajo, peleas).

CONSEJO PARA SER CAPAZ DE BUSCAR SOLUCIONES FÁCILES A NUESTRAS PREOCUPACIONES

- Desarrollar rutinas y hábitos: Realizar actividades físicas e incluso comer una dieta saludable puede ayudar a nuestra mente a despejar e incluso mejorar el reloj de nuestro cuerpo.
- Cuidado personal: Es importante pasar tiempo haciendo cualquier tipo de actividad que nos ayude mentalmente y nos haga sentir bien. Muchas veces tratamos de resolver un problema sin sentirnos bien, y esto es muy importante porque nos afecta emocionalmente y no tendremos la energía para lidiar con otro problema.
- Conocer nuestras fortalezas personales: Es importante saber cómo nos vemos a nosotros mismos. De esta manera, nuestra capacidad de resolver problemas podría aumentar significativamente cuando sabemos lo que somos capaces de enfrentar.
- Relajación: Es importante de vez en cuando tomar respiraciones de relajación para purificar nuestro cuerpo y conectarlo con la mente. Una mente limpia puede pensar más claramente a una mente abrumada.
- Conectar con los demás: Es importante recibir apoyo, y lo logramos rodeándonos de nuestros seres queridos, para saber que no estamos solos contra el mundo. Muchos estudios indican que rodearse de los seres queridos puede

tener una gran influencia en nuestra salud física y psicológica.

CONSEJOS PARA DISMINUIR NUESTRAS PREOCUPACIONES:

Organización: Es importante dedicar al menos una hora al día para poder ocuparse de todo lo que nos pueda preocupar o pueda convertirse en una preocupación en el futuro. De esta manera, podremos obtener un mejor nivel de relajación por la noche. Es aconsejable anotar todo. De esta manera, no pasamos nada por alto, y así poco a poco vamos pensando en cómo resolverlos (ya sea un problema actual, algo que no ha sucedido o que imaginamos un posible escenario que no existirá).

Pensamiento: Nuestra mente es un arma poderosa y de ella puede depender nuestro estado mental e incluso lo que somos capaces de hacer, para poder hacerlo sólo tenemos que dejar de lado los pensamientos negativos y concentrarnos en los positivos.

Muchas veces nos involucramos en un escenario negativo creyendo que nunca saldremos de esa brecha, pero la realidad es que se puede, y todo depende de nosotros, dejemos las preocupaciones a un lado y lidiemos con ellas sin miedo a fracasar o al menos intentarlo.

Organizando nuestro tiempo: Es una forma muy efectiva de prevenir el estrés futuro. Organizar nuestras prioridades es lo más importante porque evitamos pasar algo por alto y estando siempre en orden podemos realizar nuestras tareas diarias mucho más rápido.

Comunicación: Comunicar nuestras preocupaciones o pedir ayuda nunca es demasiado. No sabemos si tenemos un problema, y otro sujeto tiene la solución (como dice la muy conocida frase: Dos cabezas piensan mejor que una). Cuando reducimos el número de demandas que tenemos, nuestros niveles de estrés disminuyen drásticamente.

Identificar y comunicar cómo nos sentimos: Otra forma eficaz de prevenir el estrés futuro puede ser identificar cómo nos sentimos en ese momento, si estamos pasando por un momento difícil, o si hemos tenido una discusión que nos pueda molestar. En estos casos, es aconsejable acudir a un especialista, a un amigo o escribir nuestros sentimientos en un papel.

En este punto, debemos preguntarnos: ¿Cómo se relaciona esto con la dieta Keto? Como hemos visto antes, es bien sabido que, para seguir una dieta, debemos adaptarnos a nosotros mismos y a nuestro cuerpo a ciertos hábitos a los que tal vez no estemos acostumbrados. Esto siempre será la clave cuando se trata de cualquier tipo de dieta porque si no tenemos la mentalidad adecuada, no lograremos adaptar nuestro cuerpo a ella.

Como seres humanos, siempre seguiremos un patrón que nunca ha fallado desde que éramos muy pequeños. Cada vez que descubrimos algo nuevo (en este caso la dieta keto), nos entusiasmamos y nos proponemos cumplir todos los objetivos necesarios para alcanzar la meta que nos hemos propuesto; con el tiempo notaremos los cambios que hemos obtenido como resultado del esfuerzo por cumplir ciertas reglas. El problema surge cuando hemos alcanzado este objetivo, y dejamos de obedecer estrictamente las reglas (que nos llevaron a este objetivo).

En el caso de la dieta del keto, tendremos que cumplir estrictamente con todos los pasos, ya que de esta manera nuestro cuerpo comenzará a hacer ciertos cambios y necesitará un período de adaptación para poder recibir estos cambios de una buena manera.

Muchas veces, las personas que intentan hacer esta dieta no ven los resultados prometedores que todo el mundo habla de hacer la dieta keto y entran en un estado de desesperación y estrés. Por qué sucede esto, es por la simple razón de que estas personas no empiezan con la mentalidad correcta, esto podría aplicarse a cualquier tipo de dieta o régimen de alimentación.

A través de los siguientes pasos, conseguiremos una buena motivación y orientación para mantener la mentalidad correcta a la hora de hacer esta dieta (o cualquier otra):

PASO 1: EMPIEZA CON LO QUE TIENES

Muchas veces cuando empiezas una dieta, te sientes motivado y empiezas a comprar comida basada en un plan de dieta al que tu cuerpo no se ha adaptado.

En la mayoría de los casos, cuando una persona comienza una dieta o un régimen estricto es para perder peso, por lo que se considera muy importante tomarlo con calma ya que no se pueden cambiar los hábitos drásticamente sin consecuencias.

El proceso de adaptación de nuestro cuerpo a los nuevos hábitos debe ser gradual, si empezamos con lo que tenemos, iremos disminuyendo poco a poco los alimentos que no nos convienen (como indica nuestro especialista en nutrición), y así nuestro cuerpo podrá asimilar estos cambios y liberar los viejos hábitos.

Si permitimos que nuestro cuerpo asimile estos cambios, podemos ver cómo los resultados se producen por sí mismos, como la pérdida de peso y la mejora de algunos aspectos de nuestra salud e incluso de los aspectos físicos. A diferencia de si forzamos a nuestro cuerpo a un cambio drástico, que puede traer consecuencias negativas como el aumento de peso o el desequilibrio hormonal.

Es importante recordar que los límites sólo pueden ser establecidos por nosotros mismos, y depende de cómo funcionen las cosas. Los cambios siempre son buenos siempre que los aceptemos de forma saludable para asegurar la base del éxito de nuestra dieta.

Así que si hago esto correctamente y empiezo con lo que tengo en casa para cambiar mi dieta, ¿tendré éxito con esta dieta?

Como mencionamos anteriormente, antes de comenzar una dieta, debes ir a un nutricionista, y desde aquí, vamos a entrar en una especie de experimento en el que podemos evaluar si este nuevo estilo de alimentación nos conviene o no.

¿Por qué un experimento? Podemos decir que nos sometemos a un experimento porque no sabremos si tendrá éxito y la dieta se adaptará a nosotros de manera efectiva o causará efectos negativos, este es un riesgo para el que debemos estar preparados, y comenzaremos con lo que tenemos para ganar confianza a medida que nos conozcamos mejor.

No importa el nivel de condición física que tengamos o nuestra rutina diaria de hábitos alimenticios, siempre y cuando nos sintamos dispuestos a hacer algo, será algo natural; no te esfuerces en comprar alimentos que pueden no ser de tu agrado. Conócete a ti mismo, y de esta manera, los otros pasos serán fáciles.

PASO 2: DISFRUTE DE SU COMIDA

Este paso está directamente relacionado con el paso 1 porque cuando empezamos con lo que tenemos en nuestra cocina, en cierto modo son los alimentos que nos gustan y disfrutan, si comemos saludablemente y al mismo tiempo nos sentimos cómodos con ello. Una dieta dejará de llamar a la dieta para convertirse en un hábito.

Muchas veces fracasamos porque tenemos el chip mental de que una dieta se basa en alimentos que no disfrutaremos y nos dejará morir de hambre, esto es falso, no podemos obligarnos a comer alimentos que no toleramos, aunque está claro que no todo será siempre de nuestro agrado, debemos tener un buen equilibrio y no inclinarnos sólo a los extremos.

No debemos alarmarnos por esto de los nuevos alimentos porque puede ser que a medida que nuestro sistema se adapte a nuestro nuevo hábito, nuestros gustos también cambien. Al principio, puede ser muy frustrante dejar de lado muchos de los alimentos a los que estábamos acostumbrados, pero en lugar de atarnos a un tormento inexistente, podemos ir equilibrando los alimentos que nos gustan y los que no para acostumbrar nuestro paladar.

Es importante que no veamos el cambio de alimentos como un castigo ya que, de esta manera, puede ser mucho más complicado adaptarse a una nueva dieta. Un cambio debe ser algo excitante, algo que nos intrigue; no debemos estar predispuestos a lo desconocido ya que la dieta del keto tiene muchas alternativas de alimentos que pueden estar de acuerdo con nosotros.

¿Cómo puedo facilitar el proceso de adaptación a nuevos alimentos saludables si me gusta comer de forma desequilibrada?

Primero debemos elegir el estilo de dieta keto que vamos a seguir de acuerdo con nuestros hábitos y la voluntad de respetarlos, seguido de esto adaptamos los alimentos según nuestros gustos.

¿QUÉ SUCEDE SI NO ME GUSTA NINGÚN ALIMENTO INCLUIDO EN LA DIETA Y NO PUEDO COMERLO?

No pasará nada en absoluto. Podemos buscar fácilmente un alimento alternativo para reemplazar el que no nos gusta. Con esto, no buscamos cambiar nuestras papilas gustativas, sino que buscamos un estilo de vida más saludable. Debemos permitirnos disfrutar del proceso y de los cambios, para que podamos aceptar los resultados (pérdida de peso, regulación hormonal, etc.) de una manera más positiva.

Me gustan mucho los dulces y la comida basura, ¿puede ser la dieta adecuada para mí?

Aquí surge el gran problema que puede sufrir el 50% de las personas que quieren iniciar la dieta keto y no se atreven, sabemos que aceptaremos un nuevo reto al que debemos hacer ciertos sacrificios, entre ellos está el de dejar de lado los dulces y reducirlos. Este podría considerarse el único sacrificio importante que podemos hacer cuando empecemos en keto.

Puede que nos cueste un poco más adaptarnos a este tipo de cambios, ya que no es algo que se logre de la noche a la mañana. Pero podemos asegurarnos de que, al cambiar nuestra mentalidad, podemos tener éxito en todo lo que nos propongamos hacer (incluso en la dieta keto).

PASO 3: PODEMOS HACERLO

Como ya se ha mencionado, es muy normal que nos motivemos al descubrir o iniciar una nueva dieta, y queremos llegar a los resultados que otras personas han obtenido a través de esta rutina.

Muchas veces estos testimonios vienen con una imagen de marketing para atraer a más personas o consumidores, por lo que veremos fotos que podríamos pensar y decir que son "perfectas" y que queremos llegar a ese punto, el objetivo es no rendirse.

Muchas veces las personas se desaniman y sienten que están fracasando porque han idealizado que obtendrán los mismos resultados que otras personas que han contado su experiencia con la dieta, no todos los cuerpos reaccionan de la misma manera, hay personas que pueden tardar un poco más y hay personas a las que los resultados se notarán al instante, pero la clave es la persistencia.

Una vez que nos hemos centrado en cómo la dieta debería funcionar a nuestra manera, podemos ver otra imagen. Muchas veces el camino hacia el objetivo puede ser complicado, pero lo importante es seguir insistiendo (de forma saludable), lo mejor que podemos hacer es contar nuestra propia versión de cómo tomamos la dieta para mantenernos con la duda de. ¿Cómo habría funcionado la dieta Keto para mí?

Este paso está directamente relacionado con la confianza ya que debemos ser capaces de entender que somos capaces de lograr cualquier cosa siempre y cuando seamos insistentes y sigamos las reglas correctamente. Si comenzamos un nuevo proyecto con la mentalidad de que tal vez no podamos lograrlo, estamos complicando el camino hacia el éxito.

Por eso debemos prepararnos mentalmente para lograr el éxito con el keto, puede parecer una tarea fácil, pero en muchos casos, puede ser complicada porque, como mencionamos antes, buscamos "resultados rápidos" sólo para él, hay un largo camino para lograrlo.

Una vez que hayamos pasado por esos tres pasos, deberíamos estar o acostumbrarnos a la dieta keto. Como mencionamos muchas veces en el capítulo anterior, esta dieta tiene muchos beneficios en cuanto al cerebro, la salud y los órganos del cuerpo. Este nuevo hábito nos ayudará a sentirnos un poco menos estresados porque nuestro cuerpo funcionará mejor. Tendremos más confianza en nosotros mismos. Por lo tanto, podremos enfrentarnos a los problemas con facilidad. A medida que el estrés se reduzca y nuestro cuerpo esté en perfecto equilibrio, el sueño también mejorará, ya que ninguna enfermedad o dolor o debilidad interrumpirá nuestro sueño.

CAPÍTULO 13: ESTILO DE VIDA Y RUTINA DIARIA

Cuando hablamos de la dieta cetogénica, queremos más que una dieta para ser implementada como una disciplina y como un estilo de vida, ya que en el caso de la dieta cetogénica, los cambios a largo plazo son los que tienen un impacto importante en nuestra salud.

Cuando aplicamos este método de alimentación a nuestro estilo de vida mientras comenzamos con la transición metabólica y el proceso de desintoxicación donde el cuerpo buscará eliminar todos los antinutrientes que hemos ingerido, debemos mantener constantemente esta disciplina para que finalmente podamos limpiar nuestro ambiente celular y cuando este ambiente celular se limpie y se cure es muy importante mantener este plan de alimentación porque en el momento en que volvemos a consumir antinutrientes volvemos a dañar nuestro sistema digestivo y por lo tanto nuestro ambiente celular.

Por eso es aconsejable no verlo de manera circunstancial sino como un estilo de vida en el que estamos aprendiendo poco a poco a alimentarnos. Conoceremos nuestro cuerpo y nos daremos cuenta de que nuestro propio cuerpo nos indicará qué alimentos nos hacen daño o cuáles toleramos más y cuáles no.

Si planificamos este estilo de vida con una rutina que aplicamos diariamente, se puede hacer más fácil de aplicar, podemos planificar nuestros menús, y una vez que adquirimos experiencia es más fácil para nosotros programar el plan alimenticio diario, dependiendo de la disposición de tiempo que se tenga, de cómo se quiera hacer la dieta cetogénica si se quiere tomar junto con ayuno y ejercicio intermitente, como de hecho se recomienda comúnmente para alcanzar niveles más rápidos de cetosis y mantener estos altos niveles de energía en nuestro cuerpo.

Aunque mucha gente ahora piensa que la grasa es dañina para la salud, sucede que con este estilo de vida y la ingesta de grasa podemos desactivar la hormona de almacenamiento de grasa y así reprogramar nuestros genes para perder peso y quemar grasa, vas a notar como los antojos y el deseo de comer se reducen porque te sientes constantemente saciado, por lo que no sólo vas a perder los kilos que deseas, sino también, como hemos mencionado varias veces, a mejorar tu salud y es que este debe ser tu principal objetivo y el que te empuja a tomar esta dieta keto como un estilo de vida.

El ingrediente más importante de cualquier plan de comidas, como dice la palabra, es la planificación, porque si planificamos, no vamos a caer en la tentación de tomar malas decisiones que al final pueden ser poco saludables. Por eso una de las recomendaciones que queremos hacer es que los fines de semana te tomes un tiempo para hacer tu planificación semanal, tu menú semanal, que probablemente puedas modificar durante la semana, pero para tener un plan más ordenado puedes evaluar lo que vas a consumir en base a la meta que quieras alcanzar.

Empieza por organizar las cenas, que siempre resulta ser lo más difícil de planificar, gestiona, por ejemplo, dos o tres tipos de verduras, con una fuente de proteínas complementada siempre con grasas saludables. Si puedes, añade una rica y nutritiva ensalada de verduras, así estarás armando opciones del menú para tu semana, en el caso de que tu vida diaria lo permita.

Lo mismo ocurre con los desayunos, se pueden organizar de forma planificada, incluso se pueden repetir sin ningún problema en varias oportunidades o añadirles otros contornos, suponiendo que se hagan los desayunos, porque en la mayoría de los casos la dieta cetogénica se combina con el conocido ayuno intermitente y si está ahí, el desayuno se suprime en la mayoría de los casos.

Como puede notar todo es cuestión de orden y planificación para hacer de este plan de alimentación un estilo de vida, porque sólo así podrá obtener resultados por más tiempo, y notará que a medida que pasen los días en que se sienta con energía, animado y con muy buena salud no querrá dejar este estilo de vida y su cuerpo se lo agradecerá.

CAPÍTULO 14: RECETAS DE KETO PARA UN BUEN AYUNO

Ya sabemos los beneficios que el ayuno intermitente trae a nuestra salud. Sabemos que ayuda a lidiar con el estrés y la fatiga, retrasa los signos de envejecimiento, ayuda en el proceso de regulación hormonal, previene enfermedades, mejora el metabolismo de las grasas, controla el apetito y logra un mayor tiempo de autofagia o lo que también se conoce como autorregulación celular.

El ayuno ayuda a controlar el apetito, por lo que cuando aplicamos el ayuno intermitente, es muy fácil llevar a cabo una dieta cetogénica.

Lo más importante del ayuno intermitente es que debemos comer para romperlo y lo primero es considerar que como tenemos tantas horas sin comer no es recomendable que nuestra primera comida sea muy pesada, sino que se recomienda romper el ayuno con una dieta líquida, y nada es mejor que hacerlo con un caldo de huesos.

CALDO DE HUESO

Ingredientes:
- 1 kg de huesos de carne roja alimentados con hierba.
- Cilantro, cebolla.
- 6 dientes de ajo.
- Sal al gusto (preferentemente sal del Himalaya.)
- Vinagre de manzana.
- Agua

Pasos a seguir:

1. En una olla grande colocar los huesos y suficiente agua dejando unos 4 o 5 centímetros en la parte superior de la olla y añadir el cilantro a gusto y la mitad de la cebolla picada, sólo para probar la ebullición. También, agregue 2 cucharadas de vinagre.
2. Déjelo descansar sin encender el fuego durante unos 20 o 30 minutos, ya que el ácido del vinagre ayuda a que los nutrientes de los huesos estén más disponibles.
3. Añade suficiente sal al gusto y deja que se cocine durante unas dos horas cubierto, a fuego lento, y estamos alerta para no secar nuestro caldo.
4. Es importante revisar el caldo y quitar la espuma que se forma encima.
5. En los 30 minutos restantes, agregue más cilantro y revuelva.

MEDALLONES DE SOLOMILLO DE TERNERA CON COCO

La fusión del coco con la carne es una excelente mezcla. Esta es una receta muy recomendada. El coco, a su vez, es un importante aliado en la dieta cetogénica y en el ayuno intermitente.

Ingredientes:

- 1 kg de lomo de vaca, preferiblemente de animales alimentados con pasto.
- 3 cucharadas de aceite de coco.
- 2 dientes de ajo.
- 1 pimiento dulce
- Una cebolla grande.
- 500 ml de leche de coco.
- 2 cucharadas de tomillo molido.

- Consomé de pollo.
- Pimienta al gusto.
- Sal marina.

Pasos a seguir:

1. Empecemos a condimentar el solomillo de ternera con el consomé, un poco de sal y pimienta, añada al gusto, y luego déjelo reposar durante un período de dos horas en la nevera.

2. Luego, en una olla grande a fuego medio, añadimos el aceite de coco, y se fríe el ajo entero, y cuando el ajo esté dorado, lo sacamos, así que sazonamos el aceite.

3. Ahora añade el solomillo de ternera y sella por ambos lados. Este proceso puede tomar unos 5 minutos.

4. Luego cortaremos la cebolla en trozos finos junto con el pimentón y agregaremos el tomillo y revolveremos varias veces para que los sabores se peguen.

5. Añade la leche de coco, la sal y la tapa. Deje que hierva durante 30 o 40 minutos o hasta que el lomo se sienta cocido y suave.

6. La salsa se espesará y tomará un tono dorado; este plato debe ser servido caliente.

Este plato se puede servir con arroz de coliflor o con ensaladas.

PASTEL DE COLIFLOR

Ingredientes:

- 2 tazas de coliflor
- 400 gramos de carne molida.
- 4-5 rebanadas de queso mozzarella.
- ½ cebolla
- Sal marina al gusto.

- ½ taza de crema batida.

Pasos a seguir:

1. Primero, lavamos muy bien la coliflor. Añadiremos en una olla suficiente agua para hervir, añadiremos la coliflor durante unos minutos hasta que se cocine, no se recomienda cocinar para las verduras largas, la idea es cocinarla al dente. Cuando esté lista, la sumergimos en agua helada durante unos minutos para cortar la cocción. Luego lo colamos y lo reservamos.

2. En una sartén, vamos a freír la cebolla y la carne molida; añadimos sal al gusto, pimienta si queremos.

3. En la licuadora, vierta la crema batida, la sal y añada la coliflor poco a poco.

4. De esta manera, obtendrás una especie de puré de papas cuando termines de mezclar toda la coliflor.

5. En un molde de lasaña, vamos a distribuir la carne molida que preparamos previamente. Vamos a repartirla uniformemente por toda la bandeja.

6. Encima de esta capa, vamos a añadir la crema que hicimos con la coliflor y, finalmente, una capa con las rodajas de queso mozzarella. Vamos a colocar todo de manera uniforme.

7. Finalmente, lo llevamos al horno durante 15 minutos hasta que el queso se derrita.

Cuando practicamos el ayuno intermitente, una de las ventajas que adquirimos con el tiempo y la disciplina es que no tenemos apetito porque nuestro cuerpo adquiere mucha energía. Y vamos a sentir eso. Por eso la comida que complementa el ayuno es simple pero suficiente para que te sientas satisfecho. Lo aconsejable es siempre elegir productos naturales, y de buena calidad, además de valorar los aportes nutricionales, tiene la verdura que vas a consumir, por ejemplo. Al principio, probablemente sea un poco tedioso, pero a medida que se adquiere experiencia y conocimientos, se hace más fácil organizar los planes de alimentación porque uno de los objetivos que queremos alcanzar es mejorar la salud de nuestro cuerpo.

CAPÍTULO 15: RECETAS PARA EL DESAYUNO Y LOS BOCADILLOS

En un mundo tan dinámico, y tan rápido como el actual, no podemos andar por ahí sin desayunar, o tener hambre por ahí, a menos que estemos haciendo algún ayuno o algo así, como estar en una dieta ya preparada, pero en el caso de que no se esté ayunando, no se puede andar en el día sin desayunar, y mucho menos con hambre, por eso, recomendamos, siempre que se pueda, desayunar, ya que esta es una de las comidas más importantes del día, y ¿por qué no? A veces se come un bocadillo a media mañana o por la tarde.

DESAYUNO

En este libro, compartiremos dos recetas para tener un buen desayuno, que puede alimentarte adecuadamente, los otros desayunos que quieras comer, los vas a crear, ya que uno de los beneficios de la dieta cetogénica, es que las recetas son extremadamente simples.

KETO OMELET

Esta es una receta extremadamente simple y rápida de hacer, muchas de las personas que han preparado tal receta, dicen que es mejor que la clásica tortilla que se sirve en los restaurantes, porque es esponjosa y muy rica, nos permite tener una variedad de ingredientes en nuestra tortilla, sin necesidad de gastar tanto dinero, porque podemos añadir queso, jamón, pimentón y cebolla a nuestra tortilla, y es perfecto para las personas que tienen una vida muy apurada, ya que no sólo nos da una buena cantidad de energía para hacer todas nuestras actividades, sino que también nos permite no perder mucho tiempo en la cocina.

Ahora, los ingredientes de la tortilla que vamos a recomendar son los siguientes:

- Seis huevos.
- Dos cucharadas de crema agria, o también puede ser crema batida, al gusto del consumidor.
- Sal al gusto.
- Pimienta al gusto.
- Tres onzas de queso rallado, no importa el tipo de queso, puede ser ahumado, gouda, lo importante es que contiene grasa.
- Dos onzas de mantequilla.
- Cinco onzas de jamón ahumado cortado en cuadrados.
- Media cebolla mediana, cortada en cuadrados muy pequeños.
- Medio pimiento verde, que debe ser cortado en tiras muy finas.

Cabe señalar que se puede añadir el ingrediente que se desee, además de las proporciones que se suministraron aquí, son una estimación, se puede añadir más o menos.

Después de tener los ingredientes listos, podemos proceder a la preparación de nuestra receta, en los siguientes pasos:

- Vierte los seis huevos y la crema en un bol, y luego mezcla hasta que tengas una mezcla homogénea y cremosa.
- Añade sal y pimienta.
- Añade la mitad del queso rallado, después de esto, procede a batir bien la mezcla de nuevo.
- Luego, en una sartén, derretir la mantequilla a fuego medio, es importante que sea a este calor para que la mantequilla no se queme.

- Vierta el jamón en la sartén cuando la mantequilla esté derretida, y proceda a freír el jamón, el pimentón y las cebollas por un tiempo, o hasta que las cebollas estén doradas.
- Vierte la mezcla de huevos y crema en la sartén donde estaban el jamón y la cebolla, y luego fríe hasta que la tortilla esté cocida.
- Reduzca el calor por un rato, y vierta el resto del queso rallado sobre la tortilla, esperando que se derrita.
- Dóblalo.
- Sácalo de la sartén y córtalo por la mitad.

Como pueden ver, la receta es extremadamente simple. La misma no consume mucho tiempo, menos de diez minutos seguro, por lo tanto, esta receta es muy productiva para las personas que tienen una vida muy rápida, logrando así un desayuno saludable y completo en menos de diez minutos.

HUEVOS REVUELTOS CON QUESO FETA

Se trata de una receta extremadamente simple, que permite a las personas que no tienen mucha experiencia en la cocina, comer muy sano, muy nutritivo y muy rico en poco tiempo, ya que el tiempo que debería llevarle hacer esta receta es de unos diez o quince minutos. Además, se pueden añadir huevos revueltos a cualquier tipo de ingredientes que se desee, como tocino, jamón o incluso espinacas. Los ingredientes de nuestra receta son los siguientes:

- Cuatro huevos.
- Dos buenas cucharadas de crema batida, espesa.
- Dos cucharadas de mantequilla.
- Cuatro onzas de espinacas.
- Un diente de ajo finamente picado.
- Un cuarto de queso feta rallado.

- Sal al gusto.
- Pimienta al gusto.
- Cuatro onzas de tocino.

Después de que tengamos todos los ingredientes listos, podemos proceder a empezar con la preparación.

1. En un bol, bata los huevos y la crema hasta que estén homogéneos y bien cremosos.
2. Cocina el tocino hasta que esté bien cocido.
3. En una sartén, derretir la mantequilla a fuego medio.
4. Después de que la mantequilla se haya derretido, procede a añadir los otros ingredientes, como las espinacas y el ajo, espera hasta que las espinacas estén cocidas, notarás si las espinacas están marchitas.
5. Añade el tocino a la sartén, y añade sal y pimienta al gusto.
6. Verter sobre la sartén la mezcla que contiene los huevos, luego esperar a que los bordes de la sartén empiecen a burbujear, en este momento, con la ayuda de una cuchara, revolver de afuera hacia adentro, repitiendo el proceso hasta que estén cocidos.
7. Quita los huevos revueltos de la sartén, y añade el queso feta, en esta parte, también puedes añadir un poco más de tocino si lo deseas.

Como puedes ver, esta receta es extremadamente simple, así que puedes hacerla muchas veces, puedes cambiarla y tomar diferentes desayunos durante toda la semana, sólo tienes que fingir que eres el chef.

SNACKS

Estos alimentos son importantes cuando ya has comido, pero te da un poco de hambre, por eso, la gente recurre a las meriendas, pero en el caso de los que no tienen una dieta cetogénica, pueden ir a algunos

Cheetos o Doritos, pero en nuestro caso, que estamos con otro tipo de alimentos, tendremos nuestras meriendas nutritivas.

PATATAS FRITAS DE QUESO

Esta receta es extremadamente simple, y no necesitas muchos ingredientes para hacerla ya que todo lo que necesitas es queso y pimentón.

Los ingredientes son exactamente los siguientes:

- Ocho onzas de queso, ya sea amarillo, gouda, cheddar, provolone.
- Media cucharada de pimentón.

Como podemos ver, los ingredientes son más que básicos, para tener nuestro fantástico aperitivo. La preparación es la siguiente.

1. Precaliente el horno a 400°F.
2. Rallar el queso de su preferencia, y colocarlo en pequeñas pilas en una bandeja para ponerlo en el horno, es importante decir que la bandeja debe ser forrada con papel pergamino. Es importante dejar suficiente espacio para que cuando se derritan, las pilas de queso no se toquen.
3. Espolvorea el pimentón sobre el queso rallado.
4. Hornea de diez a ocho minutos hasta que veas que el queso está listo, no dejes que el queso se queme.
5. Deje que se enfríen y sirvan.

Como puedes ver, este bocadillo es extremadamente simple, y no necesitas muchos ingredientes, así como la gran mayoría de los bocadillos de la dieta cetogénica. Por lo tanto, no les decimos más y vamos a la cocina para ver lo deliciosa que es esta receta.

CAPÍTULO 16: RECETAS PARA EL ALMUERZO Y LA CENA

Estos otros alimentos siguen siendo vitales para nuestro organismo, hasta el punto de que consideramos que tienen la misma importancia que el desayuno.

ALMUERZOS

Después del desayuno, entre las doce del mediodía (12:00 pm) y la una (1:00 pm), procedemos a comer esta comida, para que nos siga dando energía para el resto del día.

KETO TACOS

Esta receta es muy simple ya que estamos supliendo los carbohidratos de la galleta de los tacos, con el queso, lo cual es una idea asombrosa y simple de hacer.

Los ingredientes son los siguientes:
- Dos tazas de queso cheddar, gouda, parmesano rallado.
- Una cucharada de aceite de oliva extra virgen.
- Una cebolla picada en pequeños cuadrados.
- Tres dientes de ajo finamente picados.
- Una libra de carne molida.
- Media cucharada de comino molido.
- Media cucharada de pimentón.
- Sal al gusto.
- Pimienta negra al gusto.

- Crema agria.
- Aguacates, cortados en pequeños cuadrados.
- Cilantro fresco.
- Tomates recién cortados, en pequeños cuadrados.

Los siguientes pasos son los siguientes:

1. Precaliente el horno a 400°F, y forre la bandeja de hornear con el papel pergamino.
2. Sirva el queso en la bandeja como montones, y asegúrese de que tienen cierta distancia para que cuando se derrita, los montones de queso no se peguen.
3. Hornea hasta que el queso burbujee y comience a dorarse.
4. Deja que se enfríe durante unos seis minutos.
5. Luego engrasa un molde de panecillos, y pon el queso derretido sobre los agujeros de los panecillos en el fondo. Intenta darle al queso la forma del molde.
6. En una cacerola a fuego medio, derretir la mantequilla y añadir las cebollas, revolviendo hasta que estén doradas y tiernas, y luego añadir el ajo.
7. Vierta la carne molida sobre la sartén con la cebolla y el ajo, con la ayuda de una cuchara de madera, revuelva la carne para cocinarla, estará lista cuando ya no esté rosada. Proceda a retirar el exceso de grasa.
8. Espolvorea el pimentón, el comino, la pimienta roja, la sal y la pimienta sobre la carne.
9. En las cestas de queso que ya has cocinado, vierte la carne, rellenándola con carne, aguacate, tomate y crema agria.

HAMBURGUESAS BOMBA

Esta es una receta muy simple, que le permitirá saborear la deliciosa carne, sin necesidad de dejar la dieta.

Los ingredientes son los siguientes:

- Mantequilla o spray de cocina. Para añadirlo al molde de la magdalena.
- Una libra de carne molida.
- Media cucharada de polvo de ajo, si quieres, puedes añadir más.
- Sal al gusto.
- Pimienta al gusto.
- Dos cucharadas de mantequilla, divididas en veinte trozos.
- Ocho onzas de queso cheddar, divididas en veinte trozos.
- Deja la lechuga bien lavada.
- Tomates en rodajas finas.
- Mostaza.

El proceso de preparación es muy simple:

1. Precaliente el horno a unos 400°F.
2. El molde del panecillo, puedes añadir el spray de cocina, o la mantequilla, para que lo que vamos a poner ahí no se atasque.
3. Sazonar la carne con el polvo de ajo, sal y pimienta.
4. Toma una cucharada de carne, y ponla en los moldes de los panecillos, luego presiónala en el fondo. Luego coloque un pedazo de mantequilla en la parte superior, y presione de nuevo, con el fin de cubrir completamente el fondo.
5. Coloca un trozo de queso encima de la carne y la mantequilla, en cada taza de panecillo, obviamente, y luego presiona el queso, para que quede completamente cubierto por la carne.
6. Hornea hasta que la carne esté bien cocida.
7. Retire la carne de cada taza de panecillo, hágalo con cuidado, se recomienda usar una espátula.
8. Sirve la carne con la lechuga, el tomate y la mostaza.

Como habrán visto, estas recetas para un almuerzo saludable son muy sencillas y rápidas de hacer, no se necesita ser un chef para poder cocinar esto, así que no se necesita tanto conocimiento para poder hacer nuestros almuerzos.

CENAS

Esta es la última comida de nuestro día, por lo que adquiere una importancia fundamental, y por eso es importante hacer una buena cena.

ENSALADA KETO DE BRÓCOLI

Esta es una receta muy simple, que le permitirá tener una dieta que le proporcionará una buena nutrición y le ayudará a continuar con su proceso de cetosis.

Los ingredientes son los siguientes:

- Sal al gusto.
- Tres brócolis, cortados en pequeños trozos.
- Media taza de queso cheddar amarillo rallado.
- Un cuarto de cebolla, cortada en rodajas muy finas.
- Un cuarto de taza de almendras tostadas en rodajas.
- Tres lonchas de tocino, bien cocidas y tostadas, que puedes colocar como quieras en tu ensalada, ya sea rallado o picado.
- Dos cucharadas de cebollino, fresco y recién picado.
- Dos tercios de una taza de mayonesa.
- Tres cucharadas de vinagre de sidra.
- Una cucharada de mostaza de Dijon.
- Pimienta negra recién molida.

Los pasos para cocinar nuestra ensalada de brócoli son los siguientes:

1. Hervir una cantidad considerable de agua en una olla, unas seis tazas de agua.
2. Prepara un gran tazón de agua helada.
3. Vierta el brócoli sobre la olla de agua hirviendo, cocínelo hasta que esté tierno; esto puede tomar un intervalo de uno o dos minutos.
4. Remueva y coloque en un tazón de agua helada hasta que se enfríe.
5. Escurra las flores de brócoli con un colador.
6. En otro recipiente, coloque la mayonesa, el vinagre, la mostaza, la pimienta y la sal, y bata todo para combinar los ingredientes del aderezo, debe lograr una mezcla homogénea.
7. En el recipiente donde va a servir la ensalada, vierta el brócoli, el queso cheddar rallado, la cebolla, las almendras tostadas y el tocino, revuelva y luego vierta sobre ellos el aderezo, mezcle hasta que todos los ingredientes estén cubiertos por el aderezo.
8. Refrigerar hasta que esté listo para servir.

Como pueden ver, la receta no tiene mayores complicaciones y se puede hacer en menos de una hora, no se necesitan tantos conocimientos para hacer la ensalada, y nos están alimentando muy bien.

POLLO CON TOCINO, QUESO Y ADEREZO RANCHERO

Esta receta es muy simple, y muy sabrosa, porque ¿a quién no le gusta el pollo, o el tocino, o el queso fundido? Bueno, esta receta une las tres cosas, una combinación perfecta y llena de sabor.

Los ingredientes son los siguientes:

- Cuatro rebanadas de tocino grueso, un poco ancho.
- Cuatro pechugas de pollo deshuesadas. Es importante que no tengas piel ni nada, también podrías usar pollo a la milanesa.
- Sal al gusto.
- Pimienta al gusto.
- Dos cucharadas de condimento ranchero.
- Una taza y media de queso mozzarella rallado, también se puede comer con queso cheddar, para dar un toque más "americano".
- Cebollino picado.

Como se puede ver en los ingredientes, no se pide nada del otro mundo; incluso podríamos decir que es lo habitual. Por lo tanto, la preparación de esta receta no sale muy cara, y, además, no consume mucho tiempo, como verán a continuación:

1. En una sartén a fuego medio, proceder a cocinar el tocino, dejándolo freír en su propia grasa y dejándolo crujiente, dándole la vuelta de vez en cuando. Esto puede durar unos ocho minutos. Es mejor hacer todo esto en una sartén grande.
2. Después de que el tocino esté cocido, sáquelo a un plato y escurra la grasa restante de cada tocino, recomendamos forrarlo con papel de cocina.
3. Escurrir un poco la sartén, tirando un poco de la grasa que el tocino ha tirado, pero no la tiraremos toda, sino que dejaremos dos o tres cucharadas de aceite de tocino.
4. Sazona el pollo con sal y pimienta al gusto.
5. Devuelva la sartén a fuego medio, un poco más alto ahora, y proceda a poner los trozos de pollo, cocine hasta que el pollo esté dorado y listo, para que no esté crudo, esto puede llevar unos seis minutos.

6. Baja el fuego de tu sartén, y luego añade el polvo o el aderezo ranchero al pollo, y finalmente, cúbrelo con mozzarella o queso cheddar.
7. Cubre la sartén con su tapa, y espera a que el queso se derrita y empiecen a salir burbujas de él.
8. Picar el tocino en trozos pequeños, y proceder a verterlo sobre el queso, hacer lo mismo con la cebolleta.

Como pueden ver, esta receta es extremadamente simple y muy sabrosa, al igual que la mayoría de las recetas que tienen una base alimenticia cetogénica. Por lo tanto, sólo tenemos que decirles que sigan practicando y hagan muchas más recetas para ver que tener esta forma de comer no es aburrido, sino todo lo contrario.

CAPÍTULO 17: BEBIDAS Y POSTRES

Un aspecto positivo de la dieta keto es el hecho de que podemos seguir comiendo deliciosamente sin tantas limitaciones como nuestro cuerpo entre en cetosis, antojos o esa sensación de ansiedad desaparecerá.

Sin embargo, es común que tengamos un antojo de vez en cuando y mucho más si antes de cambiar nuestros hábitos alimenticios teníamos el hábito de comer dulces en grandes cantidades, los postres de keto serán nuestra salvación y podremos disfrutar de una buena merienda que satisfaga nuestros antojos sin pasarse de la raya.

Siempre se ha creído que la alimentación saludable es un cambio drástico y limitante en nuestras vidas, e incluso tiene la creencia de que un bocadillo tiene que ser una fruta; si observamos este caso, la mayoría de estas frutas no favorecen la dieta keto, por lo que debemos buscar otras alternativas saludables que nos puedan ayudar.

A continuación, les mostraremos diferentes tipos de postres que podemos hacer en la dieta keto:

Las recetas de Keto que no necesitan ser cocinadas en el horno

BOMBAS DE GRASA DE PELUSA DE MANTEQUILLA DE MANÍ

Se sabe que la mantequilla de cacahuete es una delicia si añadimos el chocolate es una bomba de explosión de sabores.

Ingredientes:

- 1 taza de crema batida

- 3 cucharadas de mantequilla de maní natural
- 100 gramos de queso crema
- 1 cucharada de vainilla
- 50 gramos de chocolate sin endulzar (preferiblemente chocolate negro)

Modo de preparación:

1. En un tazón, agregue la crema batida y revuelva hasta que duplique su tamaño.
2. En un tazón separado, mezclar el queso crema con la mantequilla de maní natural, el chocolate y la vainilla; y mezclar hasta que parezca una pelusa suave y cremosa.
3. Luego vamos a unir todos los ingredientes en el mismo tazón, y vamos a mezclar lentamente hasta que se integren correctamente y sean suaves.
4. Además, podemos añadir chocolate rallado para decorar.

La mejor parte es que esta receta sólo toma:

➢ Hidratos de carbono netos: 2 g
➢ Calorías: 140 g
➢ Grasa: 14 g
➢ Proteínas: 3 g

TARTA DE QUESO KETO

Ingredientes:

- 120 g. de queso crema
- ¼ taza de edulcorante
- ¼ taza de crema batida espesa
- 2 cucharadas de crema agria
- 60 gramos de chocolate pastelero sin azucarar
- ½ taza de crema batida

Preparación:

1. Con la ayuda de una batidora, mezcla el queso crema, la crema agria, la crema batida y el edulcorante.
2. Llena un molde de magdalenas con la mezcla.
3. Tomamos el refrigerador por 3 horas o el congelador por una hora y media.
4. Para el ganache:
5. Derretir la pasta de chocolate en el microondas.
6. Añade la crema espesa para batir.
7. Mezcla suavemente hasta que se compacte, o consigas una consistencia espesa.
8. Decora a gusto.

Con esta deliciosa receta, estamos disfrutando de una deliciosa combinación de sabores sin perder nuestra línea que sólo tiene:

➢ Hidratos de carbono: 3 g.
➢ Calorías: 300 g.
➢ Grasas: 35 g.
➢ Proteínas: 5 g.

GALLETAS DE COCO

Con sólo 3 ingredientes (no horneados)

- 3 tazas de copos de coco finamente rallados.
- 1 taza de aceite de coco
- ½ taza de edulcorante

Preparación:

1. En un bol, mezclar los ingredientes hasta obtener una masa manipulable.
2. Formen bolas uniformes y aplástenlas en forma de galleta.

3. Coloca cada galleta a un dedo de distancia en una bandeja con papel de pergamino.
4. Refrigerar hasta que esté firme

Esta deliciosa receta puede mantenerse cubierta a temperatura ambiente durante 7 días. Si sólo tienes la mezcla, puedes congelarla hasta 2 meses.

Recetas de Keto que necesitan un horno para su preparación

PASTEL DE CHOCOLATE O PASTEL DE CETOLATO

Ingredientes:

Para el pastel:

- 1 1/2 taza de harina de almendra
- 2/3 cucharadas de cacao en polvo sin azúcar
- 3/4 de taza de harina de coco
- 2 cucharadas de polvo de hornear
- 2 cucharadas de bicarbonato de sodio
- 500 gramos de mantequilla
- 1 taza de edulcorante
- 4 huevos
- 1 cucharada de vainilla
- 1 taza de leche de almendra
- 1/3 de taza de café

Para el glaseado:

- 60 gramos de queso crema
- 250 gramos de mantequilla
- ½ taza de edulcorante (o al gusto)
- 1/2 cucharada de cacao en polvo sin azúcar
- 1/2 cucharada de harina de coco

- 3/4 de taza de crema batida

Preparación:

1. Precalentar el horno a 350°.
2. Engrasa el molde donde se va a hornear el pastel.
3. En un gran tazón, combine todos los ingredientes secos
4. Con la ayuda de una batidora, mezclar todos los ingredientes líquidos.
5. Combina los ingredientes en un tazón
6. Hornea durante 30 minutos.
7. Preparación del esmalte: En un bol grande, con la ayuda de una batidora, mezclar el queso crema y la mantequilla hasta que se forme una mezcla suave, y luego añadir gradualmente el resto de los ingredientes.
8. Decorar y servir

GALLETAS CON CHISPAS DE CHOCOLATE

Ingredientes:

- 2 huevos
- 250 gramos de mantequilla derretida
- 2 cucharadas de crema batida
- 2 cucharaditas de vainilla
- 2 3/4 taza de harina de almendra
- 1/4 de taza de azúcar granulado keto-amigable
- 100 gramos de chocolate negro en gotas.

Preparación:

1. Precalentar el horno a 350°.
2. En un gran tazón mezclar el huevo y la mantequilla
3. Luego agrega la crema de espera y la vainilla y mezcla hasta que agregues los ingredientes secos.

4. Finalmente, agrega las chispas de chocolate.
5. Formen bolas uniformes y en una bandeja con papel pergamino, colóquenlas con tres dedos de separación.
6. Hornear durante 15 minutos

¿Qué otras bebidas aparte del agua puedo beber con la dieta Keto?

Entre los más destacados están:

- Infusiones de agua
- Café caliente o frío
- Té caliente o frío
- Sodas de dieta
- Smoothies keto

¿Cómo se hacen las infusiones de Keto?

Hacer infusiones es más sencillo de lo que te imaginas. Además de eso, son muy saludables dándonos la capacidad de hasta 4 litros para su preparación.

Infusión de fresa y pepino

Ingredientes:

- 500 g de fresas
- Rodajas de pepino
- 2 litros de agua

OTROS TIPOS DE BEBIDAS KETO

CHOCOLATE CALIENTE

Ingredientes:

- 2 cucharadas. Cacao en polvo sin azúcar.
- 2 1/2 cucharaditas de edulcorante

- 1 1/4 de taza de agua
- 1/4 de taza de crema pesada
- 1/4 de cucharadita de vainilla
- Crema batida al gusto, para decorar

Preparación:

1. En una cacerola, mezclar el cacao, el edulcorante y el agua a fuego medio-bajo hasta que se disuelva correctamente.
2. Aumenta el calor a medio y añade los ingredientes restantes, revolviendo constantemente.
3. Cuando esté lo suficientemente caliente, agregue la vainilla y sirva en una taza.

KETO SMOOTHIE

Ingredientes:

- Espinacas
- leche de coco
- proteína del suero,
- Almendras
- Fécula de patata dulce
- semillas de psyllium

Preparación:

Bata todos los ingredientes en la licuadora y sirva.

BATIDO DE FRESA

- 1 taza de fresas frescas
- 1 cucharadita de vainilla
- 1 cucharada de aceite de coco o de almendra

- 450 ml de leche de coco o yogur griego

Preparación:

Bata todos los ingredientes en la licuadora y sirva.

CHIA SHAKE

Ingredientes:

- 1 cucharada de semillas de chía (previamente remojadas en agua durante 10 minutos)
- ¼ taza de leche de coco
- 1 aguacate
- 1 cdta. de granos de cacao
- 1 cucharadita de cacao en polvo
- 1 cucharada de polvo de proteína
- 1 cucharada de aceite de coco

Preparación:

Mezclamos todos los ingredientes para que todos los ingredientes se mezclen correctamente si sientes que se ha vuelto espeso, puedes añadir un poco de agua.

Sirva y disfrute

BATIDO KETO GREEN

Ingredientes:

- Pepino
- Piña
- Kiwi
- Ginger
- Perejil

- 2 tazas de agua

Preparación:

Mezclar todos los ingredientes en una licuadora y servir.

¿Puedo beber alcohol si estoy en la dieta Keto?

Si ingerimos alcohol mientras seguimos la dieta keto, nuestro cuerpo lo utilizará como una forma de obtener energía antes de utilizar la grasa, pero esto podría ser contradictorio porque en el estado de cetosis buscamos que nuestro cuerpo queme grasa para obtener energía y así perder peso, por lo que la ingesta de alcohol podría lograr efectos contrarios a los que buscamos obtener.

CAPÍTULO 18: RECETAS DIFERENTES RÁPIDAS Y FÁCILES

Sabemos que el tiempo es dinero, pero eso no significa que sólo porque tengamos una agenda apretada en nuestra rutina diaria, no podamos permitirnos comer saludablemente. A continuación, les mostraremos recetas de alimentos saludables y deliciosos que pueden preparar en menos de 20 minutos.

ENSALADA RÁPIDA

Ingredientes:

- 40 gramos de hojas verdes (Lechuga o algo así)
- ½ cebolleta en rodajas
- 1 zanahoria
- 1/2 aguacate
- 20 gr. de pimentón
- 20 gr. de tomates
- 120 gramos de salmón o pollo ahumado
- ¼ taza de aceite de oliva

Preparación:

1. Primero, cortaremos todos los ingredientes a nuestra preferencia
2. En un tarro mediano (o a nuestro gusto) serviremos las hojas verdes del fondo, seguido de esto añadiremos el resto de los ingredientes, finalmente añadiremos el salmón o el pollo y el aceite de oliva.
3. De esta manera, tendremos un rápido y delicioso almuerzo.

TORTILLA DE HONGOS

Ingredientes:

- 4 huevos
- 25 g. de mantequilla
- 50 g. Queso rallado
- ¼ cebolla amarilla picada
- 4 setas, en rodajas
- sal y pimienta

Preparación:

1. En un bol, mezclar los huevos con un tenedor hasta que hagan espuma, luego agregar sal y pimienta a gusto.
2. En una sartén a fuego medio, freír los champiñones junto con la cebolla y la mantequilla hasta que estén cocidos.
3. Añade el huevo a la sartén.
4. Cuando la tortilla esté a medio cocer, añade el queso.
5. Usando una espátula, dobla la tortilla por la mitad para darle consistencia.
6. Sáquelo de la sartén y sírvalo.

COMIDA DE SALMÓN AHUMADO Y AGUACATE

Ingredientes:

- 250 g de salmón ahumado
- 2 aguacates
- sal y pimienta

Preparación:

1. Cortar el aguacate en tiras y ponerlo en un plato.
2. Sirve el salón
3. Añade sal y pimienta al gusto.

TOCINO CRUJIENTE

Ingredientes

- 400 g de tocino
- 1 coliflor
- 50 gramos de mantequilla
- sal y pimienta
- Petróleo

Preparación:

1. Cortar la coliflor en pequeños trozos
2. Picar el tocino en pequeños trozos
3. Fríe en una sartén con mantequilla hasta que esté dorada y crujiente.
4. Servir con sal y pimienta al gusto.

CARNE DE CANGREJO Y HUEVO

Ingredientes

- 3 huevos
- 500 g de carne de cangrejo enlatada
- 2 aguacates
- ½ taza de mayonesa
- 1½ oz. espinacas
- 2 cucharadas de aceite de oliva
- sal y pimienta

Preparación:

1. hervimos los huevos durante unos 10 minutos
2. Sazonamos la carne de cangrejo a su preferencia
3. Una vez que los huevos estén hervidos, quitaremos la cáscara.

4.   Servir en un plato con aguacate picado en tiras
5.   mezclar la mayonesa con la carne de cangrejo
6.   Espolvorearemos aceite de oliva como condimento.

CONCLUSIÓN

Gracias por llegar hasta el final de Keto y el ayuno intermitente: Su guía esencial para una dieta baja en carbohidratos para perfeccionar el equilibrio mente-cuerpo, la pérdida de peso, con recetas ketogénicas para maximizar su salud, realmente esperamos que haya sido informativo y que haya podido aprender todas las herramientas que necesitaba para lograr su objetivo con la dieta keto, cualquiera que fuera.

Si estás leyendo esto, es porque lo hiciste a través del libro. Y por eso, queremos felicitarte, ya que significa que estás completamente decidido y avanzando para cambiar tu cuerpo, tu estilo de vida, y lo más importante, tu salud mental y física. Sabemos realmente que hacer tal cambio no es una tarea fácil, y es por eso que estamos muy contentos de que esté tan decidido e interesado en esta dieta.

Desde el momento en que compró este libro, se convirtió en un ganador. Te convertiste en un campeón. No todos son tan valientes como para atreverse a cambiar de manera tan drástica su nutrición y sus métodos de alimentación. La mayoría de la gente teme fracasar, pero lo que diferencia a la gente normal de la gente especial, la gente que tiene éxito, la gente que sale de la zona de confort, es la disciplina y la perseverancia para alcanzar sus objetivos.

Incluso si estás empezando y te resulta muy difícil, o si empezaste, pero lo dejaste, no te rindas, sigue presionando, sigue intentando y ve que empiezan a ocurrir cambios asombrosos e increíbles. Esto no sólo se aplica a esta dieta, sino a todo en la vida.

Por último, si usted encontró este libro útil de alguna manera, ¡una reseña sobre Amazon siempre es apreciada!

Lightning Source UK Ltd.
Milton Keynes UK
UKHW022049190121
377353UK00003B/321